令和五年版

携帯民法

債権・親族・相続

もくじ

よく見るページ

《書き込んでネ》

／

／

／

民法

（明治二十九年法律第八十九号）

目次

　　　　第一編　総則　　省略

　　　　第二編　物権　　省略

　　　　　第三編　債権

　　　　　第一章　総則

　　　　第一節　債権の目的

（債権の目的）

第３９９条　債権は、金銭に見積もることができないものであっても、その目的とすることができる。

（特定物の引渡しの場合の注意義務）

第４００条　債権の目的が特定物の引渡しであるときは、債務者は、その引渡しをするまで、契約その他の債権の発生原因及び取引上の社会通念に照らして定まる善良な管理者の注意をもって、その物を保存しなければならない。

（種類債権）

第４０１条　債権の目的物を種類のみで指定した場合において、法律行為の性質又は当事者の意思によってその品質を定めることができないときは、債務者は、中等の品質を有する物を給付しなければならない。

②　前項の場合において、債務者が物の給付をするのに必要な行為を完了し、又は債権者の同意を得てその給付すべき物を指定したときは、以後その物を債権の目的物とする。

（金銭債権）

第４０２条　債権の目的物が金銭であるときは、債務者は、その選択に従い、各種の通貨で弁済をすることができる。ただし、特定の種類の通貨の給付を債権の目的としたときは、この限りでない。

②　債権の目的物である特定の種類の通貨が弁済期に強制通用の効力を失っているときは、債務者は、他の通貨で弁済をしなければならない。

③　前２項の規定は、外国の通貨の給付を債権の目的とした場合について準用する。

第４０３条　外国の通貨で債権額を指定したときは、債務者は、履行地における為替相場により、日本の通貨で弁済をすることができる。

（法定利率）

第４０４条　利息を生ずべき債権について別段の意思表示がないときは、その利率は、その利息が生じた最初の時点における法定利率による。

②　法定利率は、年３パーセントとする。

③　前項の規定にかかわらず、法定利率は、法務省令で定めるところにより、三年を一期とし、一期ごとに、次項の規定により変動するものとする。

3

④　各期における法定利率は、この項の規定により法定利率に変動があった期のうち直近のもの（以下この項において「直近変動期」という。）における基準割合と当期における基準割合との差に相当する割合（その割合に１パーセント未満の端数があるときは、これを切り捨てる。）を直近変動期における法定利率に加算し、又は減算した割合とする。

⑤　前項に規定する「基準割合」とは、法務省令で定めるところにより、各期の初日の属する年の六年前の年の一月から前々年の十二月までの各月における短期貸付けの平均利率（当該各月において銀行が新たに行った貸付け（貸付期間が一年未満のものに限る。）に係る利率の平均をいう。）の合計を六十で除して計算した割合（その割合に０.１パーセント未満の端数があるときは、これを切り捨てる。）として法務大臣が告示するものをいう。

（利息の元本への組入れ）

第４０５条　利息の支払が一年分以上延滞した場合において、債権者が催告をしても、債務者がその利息を支払わないときは、債権者は、これを元本に組み入れることができる。

（選択債権における選択権の帰属）

第４０６条　債権の目的が数個の給付の中から選択によって定まるときは、その選択権は、債務者に属する。

（選択権の行使）

第４０７条　前条の選択権は、相手方に対する意思表示によって行使する。

②　前項の意思表示は、相手方の承諾を得なければ、撤回することができない。

（選択権の移転）

第４０８条　債権が弁済期にある場合において、↵

相手方から相当の期間を定めて催告をしても、選択権を有する当事者がその期間内に選択をしないときは、その選択権は、相手方に移転する。

（第三者の選択権）

第４０９条　第三者が選択をすべき場合には、その選択は、債権者又は債務者に対する意思表示によってする。

②　前項に規定する場合において、第三者が選択をすることができず、又は選択をする意思を有しないときは、選択権は、債務者に移転する。

（不能による選択債権の特定）

第４１０条　債権の目的である給付の中に不能のものがある場合において、その不能が選択権を有する者の過失によるものであるときは、債権は、その残存するものについて存在する。

（選択の効力）

第４１１条　選択は、債権の発生の時にさかのぼってその効力を生ずる。ただし、第三者の権利を害することはできない。

第二節　債権の効力
第一款　債務不履行の責任等

（履行期と履行遅滞）

第４１２条　債務の履行について確定期限があるときは、債務者は、その期限の到来した時から遅滞の責任を負う。

②　債務の履行について不確定期限があるときは、債務者は、その期限の到来した後に履行の請求を受けた時又はその期限の到来したことを知った時のいずれか早い時から遅滞の責任を負う。

③　債務の履行について期限を定めなかったときは、債務者は、履行の請求を受けた時から遅滞の責任を負う。

（履行不能）

第４１２条の２　債務の履行が契約その他の債務の発生原因及び取引上の社会通念に照らして不能であるときは、債権者は、その債務の履行を請求することができない。

②　契約に基づく債務の履行がその契約の成立の時に不能であったことは、第４１５条の規定によりその履行の不能によって生じた損害の賠償を請求することを妨げない。

（受領遅滞）

第４１３条　債権者が債務の履行を受けることを拒み、又は受けることができない場合において、その債務の目的が特定物の引渡しであるときは、債務者は、履行の提供をした時からその引渡しをするまで、自己の財産に対するのと同一の注意をもって、その物を保存すれば足りる。

②　債権者が債務の履行を受けることを拒み、又は受けることができないことによって、その履行の費用が増加したときは、その増加額は、債権者の負担とする。

（履行遅滞中又は受領遅滞中の履行不能と帰責事由）

第４１３条の２　債務者がその債務について遅滞の責任を負っている間に当事者双方の責めに帰することができない事由によってその債務の履行が不能となったときは、その履行の不能は、債務者の責めに帰すべき事由によるものとみなす。

②　債権者が債務の履行を受けることを拒み、又は受けることができない場合において、履行の提供があった時以後に当事者双方の責めに帰することができない事由によってその債務の履行が不能となったときは、その履行の不能は、債権者の責めに帰すべき事由によるものとみなす。

（履行の強制）

第４１４条　債務者が任意に債務の履行をしないときは、債権者は、民事執行法その他強制執行の手続に関する法令の規定に従い、直接強制、代替執行、間接強制その他の方法による履行の強制を裁判所に請求することができる。ただし、債務の性質がこれを許さないときは、この限りでない。

②　前項の規定は、損害賠償の請求を妨げない。

（債務不履行による損害賠償）

第４１５条　債務者がその債務の本旨に従った履行をしないとき又は債務の履行が不能であるときは、債権者は、これによって生じた損害の賠償を請求することができる。ただし、その債務の不履行が契約その他の債務の発生原因及び取引上の社会通念に照らして債務者の責めに帰することができない事由によるものであるときは、この限りでない。

②　前項の規定により損害賠償の請求をすることができる場合において、債権者は、次に掲げるときは、債務の履行に代わる損害賠償の請求をすることができる。

一　債務の履行が不能であるとき。

二　債務者がその債務の履行を拒絶する意思を明確に表示したとき。

三　債務が契約によって生じたものである場合において、その契約が解除され、又は債務の不履行による契約の解除権が発生したとき。

（損害賠償の範囲）

第４１６条　債務の不履行に対する損害賠償の請求は、これによって通常生ずべき損害の賠償をさせることをその目的とする。

②　特別の事情によって生じた損害であっても、当事者がその事情を予見すべきであったときは、債権者は、その賠償を請求することができる。

（損害賠償の方法）

第417条　損害賠償は、別段の意思表示がないときは、金銭をもってその額を定める。

（中間利息の控除）

第417条の2　将来において取得すべき利益についての損害賠償の額を定める場合において、その利益を取得すべき時までの利息相当額を控除するときは、その損害賠償の請求権が生じた時点における法定利率により、これをする。

②　将来において負担すべき費用についての損害賠償の額を定める場合において、その費用を負担すべき時までの利息相当額を控除するときも、前項と同様とする。

（過失相殺）

第418条　債務の不履行又はこれによる損害の発生若しくは拡大に関して債権者に過失があったときは、裁判所は、これを考慮して、損害賠償の責任及びその額を定める。

（金銭債務の特則）

第419条　金銭の給付を目的とする債務の不履行については、その損害賠償の額は、債務者が遅滞の責任を負った最初の時点における法定利率によって定める。ただし、約定利率が法定利率を超えるときは、約定利率による。

②　前項の損害賠償については、債権者は、損害の証明をすることを要しない。

③　第1項の損害賠償については、債務者は、不可抗力をもって抗弁とすることができない。

（賠償額の予定）

第420条　当事者は、債務の不履行について損害賠償の額を予定することができる。

②　賠償額の予定は、履行の請求又は解除権の行使を妨げない。

③　違約金は、賠償額の予定と推定する。

第421条　前条の規定は、当事者が金銭でないものを損害の賠償に充てるべき旨を予定した場合について準用する。

（損害賠償による代位）

第422条　債権者が、損害賠償として、その債権の目的である物又は権利の価額の全部の支払を受けたときは、債務者は、その物又は権利について当然に債権者に代位する。

（代償請求権）

第422条の2　債務者が、その債務の履行が不能となったのと同一の原因により債務の目的物の代償である権利又は利益を取得したときは、債権者は、その受けた損害の額の限度において、債務者に対し、その権利の移転又はその利益の償還を請求することができる。

第二款　債権者代位権

（債権者代位権の要件）

第423条　債権者は、自己の債権を保全するため必要があるときは、債務者に属する権利(以下「被代位権利」という。)を行使することができる。ただし、債務者の一身に専属する権利及び差押えを禁じられた権利は、この限りでない。

②　債権者は、その債権の期限が到来しない間は、被代位権利を行使することができない。ただし、保存行為は、この限りでない。

③　債権者は、その債権が強制執行により実現することのできないものであるときは、被代位権利を行使することができない。

（代位行使の範囲）

第423条の2　債権者は、被代位権利を行使する場合において、被代位権利の目的が可分であるときは、自己の債権の額の限度においてのみ、被代位権利を行使することができる。

（債権者への支払又は引渡し）

第４２３条の３ 債権者は、被代位権利を行使する場合において、被代位権利が金銭の支払又は動産の引渡しを目的とするものであるときは、相手方に対し、その支払又は引渡しを自己に対してすることを求めることができる。この場合において、相手方が債権者に対してその支払又は引渡しをしたときは、被代位権利は、これによって消滅する。

（相手方の抗弁）

第４２３条の４ 債権者が被代位権利を行使したときは、相手方は、債務者に対して主張することができる抗弁をもって、債権者に対抗することができる。

（債務者の取立てその他の処分の権限等）

第４２３条の５ 債権者が被代位権利を行使した場合であっても、債務者は、被代位権利について、自ら取立てその他の処分をすることを妨げられない。この場合においては、相手方も、被代位権利について、債務者に対して履行をすることを妨げられない。

（被代位権利の行使に係る訴えを提起した場合の訴訟告知）

第４２３条の６ 債権者は、被代位権利の行使に係る訴えを提起したときは、遅滞なく、債務者に対し、訴訟告知をしなければならない。

（登記又は登録の請求権を保全するための債権者代位権）

第４２３条の７ 登記又は登録をしなければ権利の得喪及び変更を第三者に対抗することができない財産を譲り受けた者は、その譲渡人が第三者に対して有する登記手続又は登録手続をすべきことを請求する権利を行使しないときは、その権利を行使することができる。この場合に↗

おいては、前３条の規定を準用する。

第三款　詐害行為取消権
第一目　詐害行為取消権の要件
（詐害行為取消請求）

第４２４条 債権者は、債務者が債権者を害することを知ってした行為の取消しを裁判所に請求することができる。ただし、その行為によって利益を受けた者（以下この款において「受益者」という。）がその行為の時において債権者を害することを知らなかったときは、この限りでない。

② 前項の規定は、財産権を目的としない行為については、適用しない。

③ 債権者は、その債権が第１項に規定する行為の前の原因に基づいて生じたものである場合に限り、同項の規定による請求（以下「詐害行為取消請求」という。）をすることができる。

④ 債権者は、その債権が強制執行により実現することのできないものであるときは、詐害行為取消請求をすることができない。

（相当の対価を得てした財産の処分行為の特則）

第４２４条の２ 債務者が、その有する財産を処分する行為をした場合において、受益者から相当の対価を取得しているときは、債権者は、次に掲げる要件のいずれにも該当する場合に限り、その行為について、詐害行為取消請求をすることができる。

一　その行為が、不動産の金銭への換価その他の当該処分による財産の種類の変更により、債務者において隠匿、無償の供与その他の債権者を害することとなる処分（以下この条において「隠匿等の処分」という。）をするおそれを現に生じさせるものであること。

二　債務者が、その行為の当時、対価として取得した金銭その他の財産について、隠匿等の処分をする意思を有していたこと。↗

7

三 受益者が、その行為の当時、債務者が隠匿等の処分をする意思を有していたことを知っていたこと。

（特定の債権者に対する担保の供与等の特則）
第４２４条の３ 債務者がした既存の債務についての担保の供与又は債務の消滅に関する行為について、債権者は、次に掲げる要件のいずれにも該当する場合に限り、詐害行為取消請求をすることができる。

一 その行為が、債務者が支払不能（債務者が、支払能力を欠くために、その債務のうち弁済期にあるものにつき、一般的かつ継続的に弁済することができない状態をいう。次項第一号において同じ。）の時に行われたものであること。

二 その行為が、債務者と受益者とが通謀して他の債権者を害する意図をもって行われたものであること。

② 前項に規定する行為が、債務者の義務に属せず、又はその時期が債務者の義務に属しないものである場合において、次に掲げる要件のいずれにも該当するときは、債権者は、同項の規定にかかわらず、その行為について、詐害行為取消請求をすることができる。

一 その行為が、債務者が支払不能になる前三十日以内に行われたものであること。

二 その行為が、債務者と受益者とが通謀して他の債権者を害する意図をもって行われたものであること。

（過大な代物弁済等の特則）
第４２４条の４ 債務者がした債務の消滅に関する行為であって、受益者の受けた給付の価額がその行為によって消滅した債務の額より過大であるものについて、第４２４条に規定する要件に該当するときは、債権者は、前条第１項の規定にかかわらず、その消滅した債務の額に

相当する部分以外の部分については、詐害行為取消請求をすることができる。

（転得者に対する詐害行為取消請求）
第４２４条の５ 債権者は、受益者に対して詐害行為取消請求をすることができる場合において、受益者に移転した財産を転得した者があるときは、次の各号に掲げる区分に応じ、それぞれ当該各号に定める場合に限り、その転得者に対しても、詐害行為取消請求をすることができる。

一 その転得者が受益者から転得した者である場合 その転得者が、転得の当時、債務者がした行為が債権者を害することを知っていたとき。

二 その転得者が他の転得者から転得した者である場合 その転得者及びその前に転得した全ての転得者が、それぞれの転得の当時、債務者がした行為が債権者を害することを知っていたとき。

第二目 詐害行為取消権の
行使の方法等
（財産の返還又は価額の償還の請求）
第４２４条の６ 債権者は、受益者に対する詐害行為取消請求において、債務者がした行為の取消しとともに、その行為によって受益者に移転した財産の返還を請求することができる。受益者がその財産の返還をすることが困難であるときは、債権者は、その価額の償還を請求することができる。

② 債権者は、転得者に対する詐害行為取消請求において、債務者がした行為の取消しとともに、転得者が転得した財産の返還を請求することができる。転得者がその財産の返還をすることが困難であるときは、債権者は、その価額の償還を請求することができる。

（被告及び訴訟告知）

第４２４条の７　詐害行為取消請求に係る訴えについては、次の各号に掲げる区分に応じ、それぞれ当該各号に定める者を被告とする。

一　受益者に対する詐害行為取消請求に係る訴え　受益者

二　転得者に対する詐害行為取消請求に係る訴え　その詐害行為取消請求の相手方である転得者

②　債権者は、詐害行為取消請求に係る訴えを提起したときは、遅滞なく、債務者に対し、訴訟告知をしなければならない。

（詐害行為の取消しの範囲）

第４２４条の８　債権者は、詐害行為取消請求をする場合において、債務者がした行為の目的が可分であるときは、自己の債権の額の限度においてのみ、その行為の取消しを請求することができる。

②　債権者が第４２４条の６第１項後段又は第２項後段の規定により価額の償還を請求する場合についても、前項と同様とする。

（債権者への支払又は引渡し）

第４２４条の９　債権者は、第４２４条の６第１項前段又は第２項前段の規定により受益者又は転得者に対して財産の返還を請求する場合において、その返還の請求が金銭の支払又は動産の引渡しを求めるものであるときは、受益者に対してその支払又は引渡しを、転得者に対してその引渡しを、自己に対してすることを求めることができる。この場合において、受益者又は転得者は、債権者に対してその支払又は引渡しをしたときは、債務者に対してその支払又は引渡しをすることを要しない。

②　債権者が第４２４条の６第１項後段又は第２項後段の規定により受益者又は転得者に対して価額の償還を請求する場合についても、前項と同様とする。

第三目　詐害行為取消権の
行使の効果

（認容判決の効力が及ぶ者の範囲）

第４２５条　詐害行為取消請求を認容する確定判決は、債務者及びその全ての債権者に対してもその効力を有する。

（債務者の受けた反対給付に関する受益者の権利）

第４２５条の２　債務者がした財産の処分に関する行為（債務の消滅に関する行為を除く。）が取り消されたときは、受益者は、債務者に対し、その財産を取得するためにした反対給付の返還を請求することができる。債務者がその反対給付の返還をすることが困難であるときは、受益者は、その価額の償還を請求することができる。

（受益者の債権の回復）

第４２５条の３　債務者がした債務の消滅に関する行為が取り消された場合（第４２４条の４の規定により取り消された場合を除く。）において、受益者が債務者から受けた給付を返還し、又はその価額を償還したときは、受益者の債務者に対する債権は、これによって原状に復する。

（詐害行為取消請求を受けた転得者の権利）

第４２５条の４　債務者がした行為が転得者に対する詐害行為取消請求によって取り消されたときは、その転得者は、次の各号に掲げる区分に応じ、それぞれ当該各号に定める権利を行使することができる。ただし、その転得者がその前者から財産を取得するためにした反対給付又はその前者から財産を取得することによって消滅した債権の価額を限度とする。

一　第４２５条の２に規定する行為が取り消された場合　その行為が受益者に対する詐害行為取消請求によって取り消されたと

すれば同条の規定により生ずべき受益者の債務者に対する反対給付の返還請求権又はその価額の償還請求権

二　前条に規定する行為が取り消された場合（第424条の4の規定により取り消された場合を除く。）　その行為が受益者に対する詐害行為取消請求によって取り消されたとすれば前条の規定により回復すべき受益者の債務者に対する債権

第四目　詐害行為取消権の期間の制限

第426条　詐害行為取消請求に係る訴えは、債務者が債権者を害することを知って行為をしたことを債権者が知った時から二年を経過したときは、提起することができない。行為の時から十年を経過したときも、同様とする。

第三節　多数当事者の債権及び債務
第一款　総則
（分割債権及び分割債務）

第427条　数人の債権者又は債務者がある場合において、別段の意思表示がないときは、各債権者又は各債務者は、それぞれ等しい割合で権利を有し、又は義務を負う。

第二款　不可分債権及び不可分債務
（不可分債権）

第428条　次款（連帯債権）の規定（第433条及び第435条の規定を除く。）は、債権の目的がその性質上不可分である場合において、数人の債権者があるときについて準用する。

（不可分債権者の一人との間の更改又は免除）

第429条　不可分債権者の一人と債務者との間に更改又は免除があった場合においても、他の不可分債権者は、債務の全部の履行を請求することができる。この場合において、その

一人の不可分債権者がその権利を失わなければ分与されるべき利益を債務者に償還しなければならない。

（不可分債務）

第430条　第四款（連帯債務）の規定（第440条の規定を除く。）は、債務の目的がその性質上不可分である場合において、数人の債務者があるときについて準用する。

（可分債権又は可分債務への変更）

第431条　不可分債権が可分債権となったときは、各債権者は自己が権利を有する部分についてのみ履行を請求することができ、不可分債務が可分債務となったときは、各債務者はその負担部分についてのみ履行の責任を負う。

第三款　連帯債権
（連帯債権者による履行の請求等）

第432条　債権の目的がその性質上可分である場合において、法令の規定又は当事者の意思表示によって数人が連帯して債権を有するときは、各債権者は、全ての債権者のために全部又は一部の履行を請求することができ、債務者は、全ての債権者のために各債権者に対して履行をすることができる。

（連帯債権者の一人との間の更改又は免除）

第433条　連帯債権者の一人と債務者との間に更改又は免除があったときは、その連帯債権者がその権利を失わなければ分与されるべき利益に係る部分については、他の連帯債権者は、履行を請求することができない。

（連帯債権者の一人との間の相殺）

第434条　債務者が連帯債権者の一人に対して債権を有する場合において、その債務者が相殺を援用したときは、その相殺は、他の連帯

債権者に対しても、その効力を生ずる。

（連帯債権者の一人との間の混同）

第４３５条 連帯債権者の一人と債務者との間に混同があったときは、債務者は、弁済をしたものとみなす。

（相対的効力の原則）

第４３５条の２ 第４３２条から前条までに規定する場合を除き、連帯債権者の一人の行為又は一人について生じた事由は、他の連帯債権者に対してその効力を生じない。ただし、他の連帯債権者の一人及び債務者が別段の意思を表示したときは、当該他の連帯債権者に対する効力は、その意思に従う。

第四款 連帯債務

（連帯債務者に対する履行の請求）

第４３６条 債務の目的がその性質上可分である場合において、法令の規定又は当事者の意思表示によって数人が連帯して債務を負担するときは、債権者は、その連帯債務者の一人に対し、又は同時に若しくは順次に全ての連帯債務者に対し、全部又は一部の履行を請求することができる。

（連帯債務者の一人についての法律行為の無効等）

第４３７条 連帯債務者の一人について法律行為の無効又は取消しの原因があっても、他の連帯債務者の債務は、その効力を妨げられない。

（連帯債務者の一人との間の更改）

第４３８条 連帯債務者の一人と債権者との間に更改があったときは、債権は、全ての連帯債務者の利益のために消滅する。

（連帯債務者の一人による相殺等）

第４３９条 連帯債務者の一人が債権者に対して債権を有する場合において、その連帯債務者が相殺を援用したときは、債権は、全ての連帯債務者の利益のために消滅する。

② 前項の債権を有する連帯債務者が相殺を援用しない間は、その連帯債務者の負担部分の限度において、他の連帯債務者は、債権者に対して債務の履行を拒むことができる。

（連帯債務者の一人との間の混同）

第４４０条 連帯債務者の一人と債権者との間に混同があったときは、その連帯債務者は、弁済をしたものとみなす。

（相対的効力の原則）

第４４１条 第４３８条、第４３９条第１項及び前条に規定する場合を除き、連帯債務者の一人について生じた事由は、他の連帯債務者に対してその効力を生じない。ただし、債権者及び他の連帯債務者の一人が別段の意思を表示したときは、当該他の連帯債務者に対する効力は、その意思に従う。

（連帯債務者間の求償権）

第４４２条 連帯債務者の一人が弁済をし、その他自己の財産をもって共同の免責を得たときは、その連帯債務者は、その免責を得た額が自己の負担部分を超えるかどうかにかかわらず、他の連帯債務者に対し、その免責を得るために支出した財産の額（その財産の額が共同の免責を得た額を超える場合にあっては、その免責を得た額）のうち各自の負担部分に応じた額の求償権を有する。

② 前項の規定による求償は、弁済その他免責があった日以後の法定利息及び避けることができなかった費用その他の損害の賠償を包含する。

（通知を怠った連帯債務者の求償の制限）

第４４３条　他の連帯債務者があることを知りながら、連帯債務者の一人が共同の免責を得ることを他の連帯債務者に通知しないで弁済をし、その他自己の財産をもって共同の免責を得た場合において、他の連帯債務者は、債権者に対抗することができる事由を有していたときは、その負担部分について、その事由をもってその免責を得た連帯債務者に対抗することができる。この場合において、相殺をもってその免責を得た連帯債務者に対抗したときは、その連帯債務者は、債権者に対し、相殺によって消滅すべきであった債務の履行を請求することができる。

②　弁済をし、その他自己の財産をもって共同の免責を得た連帯債務者が、他の連帯債務者があることを知りながらその免責を得たことを他の連帯債務者に通知することを怠ったため、他の連帯債務者が善意で弁済その他自己の財産をもって免責を得るための行為をしたときは、当該他の連帯債務者は、その免責を得るための行為を有効であったものとみなすことができる。

（償還をする資力のない者の負担部分の分担）

第４４４条　連帯債務者の中に償還をする資力のない者があるときは、その償還をすることができない部分は、求償者及び他の資力のある者の間で、各自の負担部分に応じて分割して負担する。

②　前項に規定する場合において、求償者及び他の資力のある者がいずれも負担部分を有しない者であるときは、その償還をすることができない部分は、求償者及び他の資力のある者の間で、等しい割合で分割して負担する。

③　前２項の規定にかかわらず、償還を受けることができないことについて求償者に過失があるときは、他の連帯債務者に対して分担を請求することができない。

（連帯債務者の一人との間の免除等と求償権）

第４４５条　連帯債務者の一人に対して債務の免除がされ、又は連帯債務者の一人のために時効が完成した場合においても、他の連帯債務者は、その一人の連帯債務者に対し、第４４２条第１項の求償権を行使することができる。

第五款　保証債務
第一目　総則

（保証人の責任等）

第４４６条　保証人は、主たる債務者がその債務を履行しないときに、その履行をする責任を負う。

②　保証契約は、書面でしなければ、その効力を生じない。

③　保証契約がその内容を記録した電磁的記録によってされたときは、その保証契約は、書面によってされたものとみなして、前項の規定を適用する。

（保証債務の範囲）

第４４７条　保証債務は、主たる債務に関する利息、違約金、損害賠償その他その債務に従たるすべてのものを包含する。

②　保証人は、その保証債務についてのみ、違約金又は損害賠償の額を約定することができる。

（保証人の負担と主たる債務の目的又は態様）

第４４８条　保証人の負担が債務の目的又は態様において主たる債務より重いときは、これを主たる債務の限度に減縮する。

②　主たる債務の目的又は態様が保証契約の締結後に加重されたときであっても、保証人の負担は加重されない。

（取り消すことができる債務の保証）

第４４９条　行為能力の制限によって取り消すことができる債務を保証した者は、保証契約の時においてその取消しの原因を知っていたときは、主たる債務の不履行の場合又はその債務の取消しの場合においてこれと同一の目的を有する独立の債務を負担したものと推定する。

（保証人の要件）

第４５０条　債務者が保証人を立てる義務を負う場合には、その保証人は、次に掲げる要件を具備する者でなければならない。

一　行為能力者であること。

二　弁済をする資力を有すること。

②　保証人が前項第二号に掲げる要件を欠くに至ったときは、債権者は、同項各号に掲げる要件を具備する者をもってこれに代えることを請求することができる。

③　前２項の規定は、債権者が保証人を指名した場合には、適用しない。

（他の担保の供与）

第４５１条　債務者は、前条第１項各号に掲げる要件を具備する保証人を立てることができないときは、他の担保を供してこれに代えることができる。

（催告の抗弁）

第４５２条　債権者が保証人に債務の履行を請求したときは、保証人は、まず主たる債務者に催告をすべき旨を請求することができる。ただし、主たる債務者が破産手続開始の決定を受けたとき、又はその行方が知れないときは、この限りでない。

（検索の抗弁）

第４５３条　債権者が前条の規定に従い主たる債務者に催告をした後であっても、保証人が

主たる債務者に弁済をする資力があり、かつ、執行が容易であることを証明したときは、債権者は、まず主たる債務者の財産について執行をしなければならない。

（連帯保証の場合の特則）

第４５４条　保証人は、主たる債務者と連帯して債務を負担したときは、前２条の権利を有しない。

（催告の抗弁及び検索の抗弁の効果）

第４５５条　第４５２条又は第４５３条の規定により保証人の請求又は証明があったにもかかわらず、債権者が催告又は執行をすることを怠ったために主たる債務者から全部の弁済を得られなかったときは、保証人は、債権者が直ちに催告又は執行をすれば弁済を得ることができた限度において、その義務を免れる。

（数人の保証人がある場合）

第４５６条　数人の保証人がある場合には、それらの保証人が各別の行為により債務を負担したときであっても、第４２７条の規定を適用する。

（主たる債務者について生じた事由の効力）

第４５７条　主たる債務者に対する履行の請求その他の事由による時効の完成猶予及び更新は、保証人に対しても、その効力を生ずる。

②　保証人は、主たる債務者が主張することができる抗弁をもって債権者に対抗することができる。

③　主たる債務者が債権者に対して相殺権、取消権又は解除権を有するときは、これらの権利の行使によって主たる債務者がその債務を免れるべき限度において、保証人は、債権者に対して債務の履行を拒むことができる。

（連帯保証人について生じた事由の効力）

第４５８条 第４３８条、第４３９条第１項、第４４０条及び第４４１条の規定は、主たる債務者と連帯して債務を負担する保証人について生じた事由について準用する。

（主たる債務の履行状況に関する情報の提供義務）

第４５８条の２ 保証人が主たる債務者の委託を受けて保証をした場合において、保証人の請求があったときは、債権者は、保証人に対し、遅滞なく、主たる債務の元本及び主たる債務に関する利息、違約金、損害賠償その他その債務に従たる全てのものについての不履行の有無並びにこれらの残額及びそのうち弁済期が到来しているものの額に関する情報を提供しなければならない。

（主たる債務者が期限の利益を喪失した場合における情報の提供義務）

第４５８条の３ 主たる債務者が期限の利益を有する場合において、その利益を喪失したときは、債権者は、保証人に対し、その利益の喪失を知った時から二箇月以内に、その旨を通知しなければならない。

② 前項の期間内に同項の通知をしなかったときは、債権者は、保証人に対し、主たる債務者が期限の利益を喪失した時から同項の通知を現にするまでに生じた遅延損害金（期限の利益を喪失しなかったとしても生ずべきものを除く。）に係る保証債務の履行を請求することができない。

③ 前２項の規定は、保証人が法人である場合には、適用しない。

（委託を受けた保証人の求償権）

第４５９条 保証人が主たる債務者の委託を受けて保証をした場合において、主たる債務者↙

に代わって弁済その他自己の財産をもって債務を消滅させる行為（以下「債務の消滅行為」という。）をしたときは、その保証人は、主たる債務者に対し、そのために支出した財産の額（その財産の額がその債務の消滅行為によって消滅した主たる債務の額を超える場合にあっては、その消滅した額）の求償権を有する。

② 第４４２条第２項の規定は、前項の場合について準用する。

（委託を受けた保証人が弁済期前に弁済等をした場合の求償権）

第４５９条の２ 保証人が主たる債務者の委託を受けて保証をした場合において、主たる債務の弁済期前に債務の消滅行為をしたときは、その保証人は、主たる債務者に対し、主たる債務者がその当時利益を受けた限度において求償権を有する。この場合において、主たる債務者が債務の消滅行為の日以前に相殺の原因を有していたことを主張するときは、保証人は、債権者に対し、その相殺によって消滅すべきであった債務の履行を請求することができる。

② 前項の規定による求償は、主たる債務の弁済期以後の法定利息及びその弁済期以後に債務の消滅行為をしたとしても避けることができなかった費用その他の損害の賠償を包含する。

③ 第１項の求償権は、主たる債務の弁済期以後でなければ、これを行使することができない。

（委託を受けた保証人の事前の求償権）

第４６０条 保証人は、主たる債務者の委託を受けて保証をした場合において、次に掲げるときは、主たる債務者に対して、あらかじめ、求償権を行使することができる。

一 主たる債務者が破産手続開始の決定を受け、かつ、債権者がその破産財団の配当に加入しないとき。

二 債務が弁済期にあるとき。ただし、保証契↙

約の後に債権者が主たる債務者に許与した期限は、保証人に対抗することができない。

三　保証人が過失なく債権者に弁済をすべき旨の裁判の言渡しを受けたとき。

（主たる債務者が保証人に対して償還をする場合）

第４６１条　前条の規定により主たる債務者が保証人に対して償還をする場合において、債権者が全部の弁済を受けない間は、主たる債務者は、保証人に担保を供させ、又は保証人に対して自己に免責を得させることを請求することができる。

②　前項に規定する場合において、主たる債務者は、供託をし、担保を供し、又は保証人に免責を得させて、その償還の義務を免れることができる。

（委託を受けない保証人の求償権）

第４６２条　第４５９条の２第１項の規定は、主たる債務者の委託を受けないで保証をした者が債務の消滅行為をした場合について準用する。

②　主たる債務者の意思に反して保証をした者は、主たる債務者が現に利益を受けている限度においてのみ求償権を有する。この場合において、主たる債務者が求償の日以前に相殺の原因を有していたことを主張するときは、保証人は、債権者に対し、その相殺によって消滅すべきであった債務の履行を請求することができる。

③　第４５９条の２第３項の規定は、前２項に規定する保証人が主たる債務の弁済期前に債務の消滅行為をした場合における求償権の行使について準用する。

（通知を怠った保証人の求償の制限等）

第４６３条　保証人が主たる債務者の委託を受けて保証をした場合において、主たる債務者にあらかじめ通知しないで債務の消滅行為を✒

したときは、主たる債務者は、債権者に対抗することができた事由をもってその保証人に対抗することができる。この場合において、相殺をもってその保証人に対抗したときは、その保証人は、債権者に対し、相殺によって消滅すべきであった債務の履行を請求することができる。

②　保証人が主たる債務者の委託を受けて保証をした場合において、主たる債務者が債務の消滅行為をしたことを保証人に通知することを怠ったため、その保証人が善意で債務の消滅行為をしたときは、その保証人は、その債務の消滅行為を有効であったものとみなすことができる。

③　保証人が債務の消滅行為をした後に主たる債務者が債務の消滅行為をした場合においては、保証人が主たる債務者の意思に反して保証をしたときのほか、保証人が債務の消滅行為をしたことを主たる債務者に通知することを怠ったため、主たる債務者が善意で債務の消滅行為をしたときも、主たる債務者は、その債務の消滅行為を有効であったものとみなすことができる。

（連帯債務又は不可分債務の保証人の求償権）

第４６４条　連帯債務者又は不可分債務者の一人のために保証をした者は、他の債務者に対し、その負担部分のみについて求償権を有する。

（共同保証人間の求償権）

第４６５条　第４４２条から第４４４条までの規定は、数人の保証人がある場合において、そのうちの一人の保証人が、主たる債務が不可分であるため又は各保証人が全額を弁済すべき旨の特約があるため、その全額又は自己の負担部分を超える額を弁済したときについて準用する。

②　第４６２条の規定は、前項に規定する場合を除き、互いに連帯しない保証人の一人が全額又は自己の負担部分を超える額を弁済したときについて準用する。

第二目　個人根保証契約

（個人根保証契約の保証人の責任等）

第465条の2　一定の範囲に属する不特定の債務を主たる債務とする保証契約（以下「根保証契約」という。）であって保証人が法人でないもの（以下「個人根保証契約」という。）の保証人は、主たる債務の元本、主たる債務に関する利息、違約金、損害賠償その他その債務に従たる全てのもの及びその保証債務について約定された違約金又は損害賠償の額について、その全部に係る極度額を限度として、その履行をする責任を負う。

②　個人根保証契約は、前項に規定する極度額を定めなければ、その効力を生じない。

③　第446条第2項及び第3項の規定は、個人根保証契約における第1項に規定する極度額の定めについて準用する。

（個人貸金等根保証契約の元本確定期日）

第465条の3　個人根保証契約であってその主たる債務の範囲に金銭の貸渡し又は手形の割引を受けることによって負担する債務（以下「貸金等債務」という。）が含まれるもの（以下「個人貸金等根保証契約」という。）において主たる債務の元本の確定すべき期日（以下「元本確定期日」という。）の定めがある場合において、その元本確定期日がその個人貸金等根保証契約の締結の日から五年を経過する日より後の日と定められているときは、その元本確定期日の定めは、その効力を生じない。

②　個人貸金等根保証契約において元本確定期日の定めがない場合（前項の規定により元本確定期日の定めがその効力を生じない場合を含む。）には、その元本確定期日は、その個人貸金等根保証契約の締結の日から三年を経過する日とする。

③　個人貸金等根保証契約における元本確定✐

期日の変更をする場合において、変更後の元本確定期日がその変更をした日から五年を経過する日より後の日となるときは、その元本確定期日の変更は、その効力を生じない。ただし、元本確定期日の前二箇月以内に元本確定期日の変更をする場合において、変更後の元本確定期日が変更前の元本確定期日から五年以内の日となるときは、この限りでない。

④　第446条第2項及び第3項の規定は、個人貸金等根保証契約における元本確定期日の定め及びその変更（その個人貸金等根保証契約の締結の日から三年以内の日を元本確定期日とする旨の定め及び元本確定期日より前の日を変更後の元本確定期日とする変更を除く。）について準用する。

（個人根保証契約の元本の確定事由）

第465条の4　次に掲げる場合には、個人根保証契約における主たる債務の元本は、確定する。ただし、第一号に掲げる場合にあっては、強制執行又は担保権の実行の手続の開始があったときに限る。

一　債権者が、保証人の財産について、金銭の支払を目的とする債権についての強制執行又は担保権の実行を申し立てたとき。

二　保証人が破産手続開始の決定を受けたとき。

三　主たる債務者又は保証人が死亡したとき。

②　前項に規定する場合のほか、個人貸金等根保証契約における主たる債務の元本は、次に掲げる場合にも確定する。ただし、第一号に掲げる場合にあっては、強制執行又は担保権の実行の手続の開始があったときに限る。

一　債権者が、主たる債務者の財産について、金銭の支払を目的とする債権についての強制執行又は担保権の実行を申し立てたとき。

二　主たる債務者が破産手続開始の決定を受けたとき。

（保証人が法人である根保証契約の求償権）

第４６５条の５　保証人が法人である根保証契約において、第４６５条の２第１項に規定する極度額の定めがないときは、その根保証契約の保証人の主たる債務者に対する求償権に係る債務を主たる債務とする保証契約は、その効力を生じない。

②　保証人が法人である根保証契約であってその主たる債務の範囲に貸金等債務が含まれるものにおいて、元本確定期日の定めがないとき、又は元本確定期日の定め若しくはその変更が第４６５条の３第１項若しくは第３項の規定を適用するとすればその効力を生じないものであるときは、その根保証契約の保証人の主たる債務者に対する求償権に係る債務を主たる債務とする保証契約は、その効力を生じない。主たる債務の範囲にその求償権に係る債務が含まれる根保証契約も、同様とする。

③　前２項の規定は、求償権に係る債務を主たる債務とする保証契約又は主たる債務の範囲に求償権に係る債務が含まれる根保証契約の保証人が法人である場合には、適用しない。

第三目　事業に係る債務についての
保証契約の特則

（公正証書の作成と保証の効力）

第４６５条の６　事業のために負担した貸金等債務を主たる債務とする保証契約又は主たる債務の範囲に事業のために負担した貸金等債務が含まれる根保証契約は、その契約の締結に先立ち、その締結の日前一箇月以内に作成された公正証書で保証人になろうとする者が保証債務を履行する意思を表示していなければ、その効力を生じない。

②　前項の公正証書を作成するには、次に掲げる方式に従わなければならない。

一　保証人になろうとする者が、次のイ又はロに掲げる契約の区分に応じ、それぞれ当該↗

イ又はロに定める事項を公証人に口授すること。

イ　保証契約（ロに掲げるものを除く。）

主たる債務の債権者及び債務者、主たる債務の元本、主たる債務に関する利息、違約金、損害賠償その他その債務に従たる全てのものの定めの有無及びその内容並びに主たる債務者がその債務を履行しないときには、その債務の全額について履行する意思（保証人になろうとする者が主たる債務者と連帯して債務を負担しようとするものである場合には、債権者が主たる債務者に対して催告をしたかどうか、主たる債務者がその債務を履行することができるかどうか、又は他に保証人があるかどうかにかかわらず、その全額について履行する意思）を有していること。

ロ　根保証契約

主たる債務の債権者及び債務者、主たる債務の範囲、根保証契約における極度額、元本確定期日の定めの有無及びその内容並びに主たる債務者がその債務を履行しないときには、極度額の限度において元本確定期日又は第４６５条の４第１項各号若しくは第２項各号に掲げる事由その他の元本を確定すべき事由が生ずる時までに生ずべき主たる債務の元本及び主たる債務に関する利息、違約金、損害賠償その他その債務に従たる全てのものの全額について履行する意思（保証人になろうとする者が主たる債務者と連帯して債務を負担しようとするものである場合には、債権者が主たる債務者に対して催告をしたかどうか、主たる債務者がその債務を履行することができるかどうか、又は他に保証人があるかどうかにかかわらず、その全額について履行する意思）を有していること。↗

二　公証人が、保証人になろうとする者の口述を筆記し、これを保証人になろうとする者に読み聞かせ、又は閲覧させること。

三　保証人になろうとする者が、筆記の正確なことを承認した後、署名し、印を押すこと。ただし、保証人になろうとする者が署名することができない場合は、公証人がその事由を付記して、署名に代えることができる。

四　公証人が、その証書は前三号に掲げる方式に従って作ったものである旨を付記して、これに署名し、印を押すこと。

③　前2項の規定は、保証人になろうとする者が法人である場合には、適用しない。

（保証に係る公正証書の方式の特則）

第465条の7　前条第1項の保証契約又は根保証契約の保証人になろうとする者が口がきけない者である場合には、公証人の前で、同条第2項第一号イ又はロに掲げる契約の区分に応じ、それぞれ当該イ又はロに定める事項を通訳人の通訳により申述し、又は自書して、同号の口授に代えなければならない。この場合における同項第二号の規定の適用については、同号中「口述」とあるのは、「通訳人の通訳による申述又は自書」とする。

②　前条第1項の保証契約又は根保証契約の保証人になろうとする者が耳が聞こえない者である場合には、公証人は、同条第2項第二号に規定する筆記した内容を通訳人の通訳により保証人になろうとする者に伝えて、同号の読み聞かせに代えることができる。

③　公証人は、前2項に定める方式に従って公正証書を作ったときは、その旨をその証書に付記しなければならない。

（公正証書の作成と求償権についての保証の効力）

第465条の8　第465条の6第1項及び第2項並びに前条の規定は、事業のために負担🖉

した貸金等債務を主たる債務とする保証契約又は主たる債務の範囲に事業のために負担する貸金等債務が含まれる根保証契約の保証人の主たる債務者に対する求償権に係る債務を主たる債務とする保証契約について準用する。主たる債務の範囲にその求償権に係る債務が含まれる根保証契約も、同様とする。

②　前項の規定は、保証人になろうとする者が法人である場合には、適用しない。

（公正証書の作成と保証の効力に関する規定の適用除外）

第465条の9　前3条の規定は、保証人になろうとする者が次に掲げる者である保証契約については、適用しない。

一　主たる債務者が法人である場合のその理事、取締役、執行役又はこれらに準ずる者

二　主たる債務者が法人である場合の次に掲げる者

イ　主たる債務者の総株主の議決権（株主総会において決議をすることができる事項の全部につき議決権を行使することができない株式についての議決権を除く。以下この号において同じ。）の過半数を有する者

ロ　主たる債務者の総株主の議決権の過半数を他の株式会社が有する場合における当該他の株式会社の総株主の議決権の過半数を有する者

ハ　主たる債務者の総株主の議決権の過半数を他の株式会社及び当該他の株式会社の総株主の議決権の過半数を有する者が有する場合における当該他の株式会社の総株主の議決権の過半数を有する者

ニ　株式会社以外の法人が主たる債務者である場合におけるイ、ロ又はハに掲げる者に準ずる者

三　主たる債務者（法人であるものを除く。以下この号において同じ。）と共同して事業を🖉

行う者又は主たる債務者が行う事業に現に従事している主たる債務者の配偶者

（契約締結時の情報の提供義務）
第４６５条の１０　主たる債務者は、事業のために負担する債務を主たる債務とする保証又は主たる債務の範囲に事業のために負担する債務が含まれる根保証の委託をするときは、委託を受ける者に対し、次に掲げる事項に関する情報を提供しなければならない。
一　財産及び収支の状況
二　主たる債務以外に負担している債務の有無並びにその額及び履行状況
三　主たる債務の担保として他に提供し、又は提供しようとするものがあるときは、その旨及びその内容
②　主たる債務者が前項各号に掲げる事項に関して情報を提供せず、又は事実と異なる情報を提供したために委託を受けた者がその事項について誤認をし、それによって保証契約の申込み又はその承諾の意思表示をした場合において、主たる債務者がその事項に関して情報を提供せず又は事実と異なる情報を提供したことを債権者が知り又は知ることができたときは、保証人は、保証契約を取り消すことができる。
③　前２項の規定は、保証をする者が法人である場合には、適用しない。

第四節　債権の譲渡
（債権の譲渡性）
第４６６条　債権は、譲り渡すことができる。ただし、その性質がこれを許さないときは、この限りでない。
②　当事者が債権の譲渡を禁止し、又は制限する旨の意思表示（以下「譲渡制限の意思表示」という。）をしたときであっても、債権の譲渡は、その効力を妨げられない。
③　前項に規定する場合には、譲渡制限の意思↗

表示がされたことを知り、又は重大な過失によって知らなかった譲受人その他の第三者に対しては、債務者は、その債務の履行を拒むことができ、かつ、譲渡人に対する弁済その他の債務を消滅させる事由をもってその第三者に対抗することができる。
④　前項の規定は、債務者が債務を履行しない場合において、同項に規定する第三者が相当の期間を定めて譲渡人への履行の催告をし、その期間内に履行がないときは、その債務者については、適用しない。

（譲渡制限の意思表示がされた債権に係る債務者の供託）
第４６６条の２　債務者は、譲渡制限の意思表示がされた金銭の給付を目的とする債権が譲渡されたときは、その債権の全額に相当する金銭を債務の履行地（債務の履行地が債権者の現在の住所により定まる場合にあっては、譲渡人の現在の住所を含む。次条において同じ。）の供託所に供託することができる。
②　前項の規定により供託をした債務者は、遅滞なく、譲渡人及び譲受人に供託の通知をしなければならない。
③　第１項の規定により供託をした金銭は、譲受人に限り、還付を請求することができる。

第４６６条の３　前条第１項に規定する場合において、譲渡人について破産手続開始の決定があったときは、譲受人（同項の債権の全額を譲り受けた者であって、その債権の譲渡を債務者その他の第三者に対抗することができるものに限る。）は、譲渡制限の意思表示がされたことを知り、又は重大な過失によって知らなかったときであっても、債務者にその債権の全額に相当する金銭を債務の履行地の供託所に供託させることができる。この場合においては、同条第２項及び第３項の規定を準用する。

（譲渡制限の意思表示がされた債権の差押え）

第４６６条の４　第４６６条第３項の規定は、譲渡制限の意思表示がされた債権に対する強制執行をした差押債権者に対しては、適用しない。

②　前項の規定にかかわらず、譲受人その他の第三者が譲渡制限の意思表示がされたことを知り、又は重大な過失によって知らなかった場合において、その債権者が同項の債権に対する強制執行をしたときは、債務者は、その債務の履行を拒むことができ、かつ、譲渡人に対する弁済その他の債務を消滅させる事由をもって差押債権者に対抗することができる。

（預金債権又は貯金債権に係る譲渡制限の意思表示の効力）

第４６６条の５　預金口座又は貯金口座に係る預金又は貯金に係る債権（以下「預貯金債権」という。）について当事者がした譲渡制限の意思表示は、第４６６条第２項の規定にかかわらず、その譲渡制限の意思表示がされたことを知り、又は重大な過失によって知らなかった譲受人その他の第三者に対抗することができる。

②　前項の規定は、譲渡制限の意思表示がされた預貯金債権に対する強制執行をした差押債権者に対しては、適用しない。

（将来債権の譲渡性）

第４６６条の６　債権の譲渡は、その意思表示の時に債権が現に発生していることを要しない。

②　債権が譲渡された場合において、その意思表示の時に債権が現に発生していないときは、譲受人は、発生した債権を当然に取得する。

③　前項に規定する場合において、譲渡人が次条の規定による通知をし、又は債務者が同条の規定による承諾をした時（以下「対抗要件具備時」という。）までに譲渡制限の意思表示がされたときは、譲受人その他の第三者がそのことを知っていたものとみなして、第４６６条第３項

（譲渡制限の意思表示がされた債権が預貯金債権の場合にあっては、前条第１項）の規定を適用する。

（債権の譲渡の対抗要件）

第４６７条　債権の譲渡（現に発生していない債権の譲渡を含む。）は、譲渡人が債務者に通知をし、又は債務者が承諾をしなければ、債務者その他の第三者に対抗することができない。

②　前項の通知又は承諾は、確定日付のある証書によってしなければ、債務者以外の第三者に対抗することができない。

（債権の譲渡における債務者の抗弁）

第４６８条　債務者は、対抗要件具備時までに譲渡人に対して生じた事由をもって譲受人に対抗することができる。

②　第４６６条第４項の場合における前項の規定の適用については、同項中「対抗要件具備時」とあるのは、「第４６６条第４項の相当の期間を経過した時」とし、第４６６条の３の場合における同項の規定の適用については、同項中「対抗要件具備時」とあるのは、「第４６６条の３の規定により同条の譲受人から供託の請求を受けた時」とする。

（債権の譲渡における相殺権）

第４６９条　債務者は、対抗要件具備時より前に取得した譲渡人に対する債権による相殺をもって譲受人に対抗することができる。

②　債務者が対抗要件具備時より後に取得した譲渡人に対する債権であっても、その債権が次に掲げるものであるときは、前項と同様とする。ただし、債務者が対抗要件具備時より後に他人の債権を取得したときは、この限りでない。

一　対抗要件具備時より前の原因に基づいて生じた債権

二　前号に掲げるもののほか、譲受人の取得した債権の発生原因である契約に基づいて生じた債権

③　第４６６条第４項の場合における前２項の規定の適用については、これらの規定中「対抗要件具備時」とあるのは、「第４６６条第４項の相当の期間を経過した時」とし、第４６６条の３の場合におけるこれらの規定の適用については、これらの規定中「対抗要件具備時」とあるのは、「第４６６条の３の規定により同条の譲受人から供託の請求を受けた時」とする。

第五節　債務の引受け
第一款　併存的債務引受
（併存的債務引受の要件及び効果）
第４７０条　併存的債務引受の引受人は、債務者と連帯して、債務者が債権者に対して負担する債務と同一の内容の債務を負担する。

②　併存的債務引受は、債権者と引受人となる者との契約によってすることができる。

③　併存的債務引受は、債務者と引受人となる者との契約によってもすることができる。この場合において、併存的債務引受は、債権者が引受人となる者に対して承諾をした時に、その効力を生ずる。

④　前項の規定によってする併存的債務引受は、第三者のためにする契約に関する規定に従う。

（併存的債務引受における引受人の抗弁等）
第４７１条　引受人は、併存的債務引受により負担した自己の債務について、その効力が生じた時に債務者が主張することができた抗弁をもって債権者に対抗することができる。

②　債務者が債権者に対して取消権又は解除権を有するときは、引受人は、これらの権利の行使によって債務者がその債務を免れるべき限度において、債権者に対して債務の履行を拒むことができる。

第二款　免責的債務引受
（免責的債務引受の要件及び効果）
第４７２条　免責的債務引受の引受人は債務者が債権者に対して負担する債務と同一の内容の債務を負担し、債務者は自己の債務を免れる。

②　免責的債務引受は、債権者と引受人となる者との契約によってすることができる。この場合において、免責的債務引受は、債権者が債務者に対してその契約をした旨を通知した時に、その効力を生ずる。

③　免責的債務引受は、債務者と引受人となる者が契約をし、債権者が引受人となる者に対して承諾をすることによってもすることができる。

（免責的債務引受における引受人の抗弁等）
第４７２条の２　引受人は、免責的債務引受により負担した自己の債務について、その効力が生じた時に債務者が主張することができた抗弁をもって債権者に対抗することができる。

②　債務者が債権者に対して取消権又は解除権を有するときは、引受人は、免責的債務引受がなければこれらの権利の行使によって債務者がその債務を免れることができた限度において、債権者に対して債務の履行を拒むことができる。

（免責的債務引受における引受人の求償権）
第４７２条の３　免責的債務引受の引受人は、債務者に対して求償権を取得しない。

（免責的債務引受による担保の移転）
第４７２条の４　債権者は、第４７２条第１項の規定により債務者が免れる債務の担保として設定された担保権を引受人が負担する債務に移すことができる。ただし、引受人以外の者がこれを設定した場合には、その承諾を得なければならない。

②　前項の規定による担保権の移転は、あらかじめ又は同時に引受人に対してする意思表示に↗

よってしなければならない。

③　前2項の規定は、第472条第1項の規定により債務者が免れる債務の保証をした者があるときについて準用する。

④　前項の場合において、同項において準用する第1項の承諾は、書面でしなければ、その効力を生じない。

⑤　前項の承諾がその内容を記録した電磁的記録によってされたときは、その承諾は、書面によってされたものとみなして、同項の規定を適用する。

第六節　債権の消滅
第一款　弁済
第一目　総則

（弁済）

第473条　債務者が債権者に対して債務の弁済をしたときは、その債権は、消滅する。

（第三者の弁済）

第474条　債務の弁済は、第三者もすることができる。

②　弁済をするについて正当な利益を有する者でない第三者は、債務者の意思に反して弁済をすることができない。ただし、債務者の意思に反することを債権者が知らなかったときは、この限りでない。

③　前項に規定する第三者は、債権者の意思に反して弁済をすることができない。ただし、その第三者が債務者の委託を受けて弁済をする場合において、そのことを債権者が知っていたときは、この限りでない。

④　前3項の規定は、その債務の性質が第三者の弁済を許さないとき、又は当事者が第三者の弁済を禁止し、若しくは制限する旨の意思表示をしたときは、適用しない。

（弁済として引き渡した物の取戻し）

第475条　弁済をした者が弁済として他人の物を引き渡したときは、その弁済をした者は、更に有効な弁済をしなければ、その物を取り戻すことができない。

（弁済として引き渡した物の消費又は譲渡がされた場合の弁済の効力等）

第476条　前条の場合において、債権者が弁済として受領した物を善意で消費し、又は譲り渡したときは、その弁済は、有効とする。この場合において、債権者が第三者から賠償の請求を受けたときは、弁済をした者に対して求償をすることを妨げない。

（預金又は貯金の口座に対する払込みによる弁済）

第477条　債権者の預金又は貯金の口座に対する払込みによってする弁済は、債権者がその預金又は貯金に係る債権の債務者に対してその払込みに係る金額の払戻しを請求する権利を取得した時に、その効力を生ずる。

（受領権者としての外観を有する者に対する弁済）

第478条　受領権者（債権者及び法令の規定又は当事者の意思表示によって弁済を受領する権限を付与された第三者をいう。以下同じ。）以外の者であって取引上の社会通念に照らして受領権者としての外観を有するものに対してした弁済は、その弁済をした者が善意であり、かつ、過失がなかったときに限り、その効力を有する。

（受領権者以外の者に対する弁済）

第479条　前条の場合を除き、受領権者以外の者に対してした弁済は、債権者がこれによって利益を受けた限度においてのみ、その効力を有する。

第４８０条　削除

（差押えを受けた債権の第三債務者の弁済）

第４８１条　差押えを受けた債権の第三債務者が自己の債権者に弁済をしたときは、差押債権者は、その受けた損害の限度において更に弁済をすべき旨を第三債務者に請求することができる。

②　前項の規定は、第三債務者からその債権者に対する求償権の行使を妨げない。

（代物弁済）

第４８２条　弁済をすることができる者（以下「弁済者」という。）が、債権者との間で、債務者の負担した給付に代えて他の給付をすることにより債務を消滅させる旨の契約をした場合において、その弁済者が当該他の給付をしたときは、その給付は、弁済と同一の効力を有する。

（特定物の現状による引渡し）

第４８３条　債権の目的が特定物の引渡しである場合において、契約その他の債権の発生原因及び取引上の社会通念に照らしてその引渡しをすべき時の品質を定めることができないときは、弁済をする者は、その引渡しをすべき時の現状でその物を引き渡さなければならない。

（弁済の場所及び時間）

第４８４条　弁済をすべき場所について別段の意思表示がないときは、特定物の引渡しは債権発生の時にその物が存在した場所において、その他の弁済は債権者の現在の住所において、それぞれしなければならない。

②　法令又は慣習により取引時間の定めがあるときは、その取引時間内に限り、弁済をし、又は弁済の請求をすることができる。

（弁済の費用）

第４８５条　弁済の費用について別段の意思表示がないときは、その費用は、債務者の負担とする。ただし、債権者が住所の移転その他の行為によって弁済の費用を増加させたときは、その増加額は、債権者の負担とする。

（受取証書の交付請求等）

第４８６条　弁済をする者は、弁済と引換えに、弁済を受領する者に対して受取証書の交付を請求することができる。

②　弁済をする者は、前項の受取証書の交付に代えて、その内容を記録した電磁的記録の提供を請求することができる。ただし、弁済を受領する者に不相当な負担を課するものであるときは、この限りでない。

（債権証書の返還請求）

第４８７条　債権に関する証書がある場合において、弁済をした者が全部の弁済をしたときは、その証書の返還を請求することができる。

（同種の給付を目的とする数個の債務がある場合の充当）

第４８８条　債務者が同一の債権者に対して同種の給付を目的とする数個の債務を負担する場合において、弁済として提供した給付が全ての債務を消滅させるのに足りないとき（次条第１項に規定する場合を除く。）は、弁済をする者は、給付の時に、その弁済を充当すべき債務を指定することができる。

②　弁済をする者が前項の規定による指定をしないときは、弁済を受領する者は、その受領の時に、その弁済を充当すべき債務を指定することができる。ただし、弁済をする者がその充当に対して直ちに異議を述べたときは、この限りでない。

③ 前2項の場合における弁済の充当の指定は、相手方に対する意思表示によってする。

④ 弁済をする者及び弁済を受領する者がいずれも第1項又は第2項の規定による指定をしないときは、次の各号の定めるところに従い、その弁済を充当する。

一 債務の中に弁済期にあるものと弁済期にないものとがあるときは、弁済期にあるものに先に充当する。

二 全ての債務が弁済期にあるとき、又は弁済期にないときは、債務者のために弁済の利益が多いものに先に充当する。

三 債務者のために弁済の利益が相等しいときは、弁済期が先に到来したもの又は先に到来すべきものに先に充当する。

四 前二号に掲げる事項が相等しい債務の弁済は、各債務の額に応じて充当する。

（元本、利息及び費用を支払うべき場合の充当）
第489条 債務者が一個又は数個の債務について元本のほか利息及び費用を支払うべき場合（債務者が数個の債務を負担する場合にあっては、同一の債権者に対して同種の給付を目的とする数個の債務を負担するときに限る。）において、弁済をする者がその債務の全部を消滅させるのに足りない給付をしたときは、これを順次に費用、利息及び元本に充当しなければならない。

② 前条の規定は、前項の場合において、費用、利息又は元本のいずれかの全てを消滅させるのに足りない給付をしたときについて準用する。

（合意による弁済の充当）
第490条 前2条の規定にかかわらず、弁済をする者と弁済を受領する者との間に弁済の充当の順序に関する合意があるときは、その順序に従い、その弁済を充当する。

（数個の給付をすべき場合の充当）
第491条 一個の債務の弁済として数個の給付をすべき場合において、弁済をする者がその債務の全部を消滅させるのに足りない給付をしたときは、前3条の規定を準用する。

（弁済の提供の効果）
第492条 債務者は、弁済の提供の時から、債務を履行しないことによって生ずべき責任を免れる。

（弁済の提供の方法）
第493条 弁済の提供は、債務の本旨に従って現実にしなければならない。ただし、債権者があらかじめその受領を拒み、又は債務の履行について債権者の行為を要するときは、弁済の準備をしたことを通知してその受領の催告をすれば足りる。

第二目 弁済の目的物の供託
（供託）
第494条 弁済者は、次に掲げる場合には、債権者のために弁済の目的物を供託することができる。この場合においては、弁済者が供託をした時に、その債権は、消滅する。

一 弁済の提供をした場合において、債権者がその受領を拒んだとき。

二 債権者が弁済を受領することができないとき。

② 弁済者が債権者を確知することができないときも、前項と同様とする。ただし、弁済者に過失があるときは、この限りでない。

（供託の方法）
第495条 前条の規定による供託は、債務の履行地の供託所にしなければならない。

② 供託所について法令に特別の定めがない場合には、裁判所は、弁済者の請求により、供託所の指定及び供託物の保管者の選任をしなければならない。

③ 前条の規定により供託をした者は、遅滞なく、債権者に供託の通知をしなければならない。

（供託物の取戻し）

第４９６条 債権者が供託を受諾せず、又は供託を有効と宣告した判決が確定しない間は、弁済者は、供託物を取り戻すことができる。この場合においては、供託をしなかったものとみなす。

② 前項の規定は、供託によって質権又は抵当権が消滅した場合には、適用しない。

（供託に適しない物等）

第４９７条 弁済者は、次に掲げる場合には、裁判所の許可を得て、弁済の目的物を競売に付し、その代金を供託することができる。

一 その物が供託に適しないとき。

二 その物について滅失、損傷その他の事由による価格の低落のおそれがあるとき。

三 その物の保存について過分の費用を要するとき。

四 前三号に掲げる場合のほか、その物を供託することが困難な事情があるとき。

（供託物の還付請求等）

第４９８条 弁済の目的物又は前条の代金が供託された場合には、債権者は、供託物の還付を請求することができる。

② 債務者が債権者の給付に対して弁済をすべき場合には、債権者は、その給付をしなければ、供託物を受け取ることができない。

第三目 弁済による代位

（弁済による代位の要件）

第４９９条 債務者のために弁済をした者は、債権者に代位する。

第５００条 第４６７条の規定は、前条の場合（弁済をするについて正当な利益を有する者が債権者に代位する場合を除く。）について準用する。

（弁済による代位の効果）

第５０１条 前２条の規定により債権者に代位した者は、債権の効力及び担保としてその債権者が有していた一切の権利を行使することができる。

② 前項の規定による権利の行使は、債権者に代位した者が自己の権利に基づいて債務者に対して求償をすることができる範囲内（保証人の一人が他の保証人に対して債権者に代位する場合には、自己の権利に基づいて当該他の保証人に対して求償をすることができる範囲内）に限り、することができる。

③ 第１項の場合には、前項の規定によるほか、次に掲げるところによる。

一 第三取得者（債務者から担保の目的となっている財産を譲り受けた者をいう。以下この項において同じ。）は、保証人及び物上保証人に対して債権者に代位しない。

二 第三取得者の一人は、各財産の価格に応じて、他の第三取得者に対して債権者に代位する。

三 前号の規定は、物上保証人の一人が他の物上保証人に対して債権者に代位する場合について準用する。

四 保証人と物上保証人との間においては、その数に応じて、債権者に代位する。ただし、物上保証人が数人あるときは、保証人の負担部分を除いた残額について、各財産の価格に応じて、債権者に代位する。

五　第三取得者から担保の目的となっている財産を譲り受けた者は、第三取得者とみなして第一号及び第二号の規定を適用し、物上保証人から担保の目的となっている財産を譲り受けた者は、物上保証人とみなして第一号、第三号及び前号の規定を適用する。

（一部弁済による代位）

第５０２条　債権の一部について代位弁済があったときは、代位者は、債権者の同意を得て、その弁済をした価額に応じて、債権者とともにその権利を行使することができる。

②　前項の場合であっても、債権者は、単独でその権利を行使することができる。

③　前２項の場合に債権者が行使する権利は、その債権の担保の目的となっている財産の売却代金その他の当該権利の行使によって得られる金銭について、代位者が行使する権利に優先する。

④　第１項の場合において、債務の不履行による契約の解除は、債権者のみがすることができる。この場合においては、代位者に対し、その弁済をした価額及びその利息を償還しなければならない。

（債権者による債権証書の交付等）

第５０３条　代位弁済によって全部の弁済を受けた債権者は、債権に関する証書及び自己の占有する担保物を代位者に交付しなければならない。

②　債権の一部について代位弁済があった場合には、債権者は、債権に関する証書にその代位を記入し、かつ、自己の占有する担保物の保存を代位者に監督させなければならない。

（債権者による担保の喪失等）

第５０４条　弁済をするについて正当な利益↗

を有する者（以下この項において「代位権者」という。）がある場合において、債権者が故意又は過失によってその担保を喪失し、又は減少させたときは、その代位権者は、代位をするに当たって担保の喪失又は減少によって償還を受けることができなくなる限度において、その責任を免れる。その代位権者が物上保証人である場合において、その代位権者から担保の目的となっている財産を譲り受けた第三者及びその特定承継人についても、同様とする。

②　前項の規定は、債権者が担保を喪失し、又は減少させたことについて取引上の社会通念に照らして合理的な理由があると認められるときは、適用しない。

第二款　相殺

（相殺の要件等）

第５０５条　二人が互いに同種の目的を有する債務を負担する場合において、双方の債務が弁済期にあるときは、各債務者は、その対当額について相殺によってその債務を免れることができる。ただし、債務の性質がこれを許さないときは、この限りでない。

②　前項の規定にかかわらず、当事者が相殺を禁止し、又は制限する旨の意思表示をした場合には、その意思表示は、第三者がこれを知り、又は重大な過失によって知らなかったときに限り、その第三者に対抗することができる。

（相殺の方法及び効力）

第５０６条　相殺は、当事者の一方から相手方に対する意思表示によってする。この場合において、その意思表示には、条件又は期限を付することができない。

②　前項の意思表示は、双方の債務が互いに相殺に適するようになった時にさかのぼってその効力を生ずる。

（履行地の異なる債務の相殺）

第507条　相殺は、双方の債務の履行地が異なるときであっても、することができる。この場合において、相殺をする当事者は、相手方に対し、これによって生じた損害を賠償しなければならない。

（時効により消滅した債権を自働債権とする相殺）

第508条　時効によって消滅した債権がその消滅以前に相殺に適するようになっていた場合には、その債権者は、相殺をすることができる。

（不法行為等により生じた債権を受働債権とする相殺の禁止）

第509条　次に掲げる債務の債務者は、相殺をもって債権者に対抗することができない。ただし、その債権者がその債務に係る債権を他人から譲り受けたときは、この限りでない。

一　悪意による不法行為に基づく損害賠償の債務

二　人の生命又は身体の侵害による損害賠償の債務（前号に掲げるものを除く。）

（差押禁止債権を受働債権とする相殺の禁止）

第510条　債権が差押えを禁じたものであるときは、その債務者は、相殺をもって債権者に対抗することができない。

（差押えを受けた債権を受働債権とする相殺の禁止）

第511条　差押えを受けた債権の第三債務者は、差押え後に取得した債権による相殺をもって差押債権者に対抗することはできないが、差押え前に取得した債権による相殺をもって対抗することができる。

②　前項の規定にかかわらず、差押え後に取得した債権が差押え前の原因に基づいて生じたものであるときは、その第三債務者は、その債権による相殺をもって差押債権者に対抗することができる。ただし、第三債務者が差押え後に他人の債権を取得したときは、この限りでない。

（相殺の充当）

第512条　債権者が債務者に対して有する一個又は数個の債権と、債権者が債務者に対して負担する一個又は数個の債務について、債権者が相殺の意思表示をした場合において、当事者が別段の合意をしなかったときは、債権者の有する債権とその負担する債務は、相殺に適するようになった時期の順序に従って、その対当額について相殺によって消滅する。

②　前項の場合において、相殺をする債権者の有する債権がその負担する債務の全部を消滅させるのに足りないときであって、当事者が別段の合意をしなかったときは、次に掲げるところによる。

一　債権者が数個の債務を負担するとき（次号に規定する場合を除く。）は、第488条第4項第二号から第四号までの規定を準用する。

二　債権者が負担する一個又は数個の債務について元本のほか利息及び費用を支払うべきときは、第489条の規定を準用する。この場合において、同条第2項中「前条」とあるのは、「前条第4項第二号から第四号まで」と読み替えるものとする。

③　第1項の場合において、相殺をする債権者の負担する債務がその有する債権の全部を消滅させるのに足りないときは、前項の規定を準用する。

第５１２条の２ 債権者が債務者に対して有する債権に、一個の債権の弁済として数個の給付をすべきものがある場合における相殺については、前条の規定を準用する。債権者が債務者に対して負担する債務に、一個の債務の弁済として数個の給付をすべきものがある場合における相殺についても、同様とする。

第三款　更改

（更改）

第５１３条 当事者が従前の債務に代えて、新たな債務であって次に掲げるものを発生させる契約をしたときは、従前の債務は、更改によって消滅する。

一　従前の給付の内容について重要な変更をするもの

二　従前の債務者が第三者と交替するもの

三　従前の債権者が第三者と交替するもの

（債務者の交替による更改）

第５１４条 債務者の交替による更改は、債権者と更改後に債務者となる者との契約によってすることができる。この場合において、更改は、債権者が更改前の債務者に対してその契約をした旨を通知した時に、その効力を生ずる。

②　債務者の交替による更改後の債務者は、更改前の債務者に対して求償権を取得しない。

（債権者の交替による更改）

第５１５条 債権者の交替による更改は、更改前の債権者、更改後に債権者となる者及び債務者の契約によってすることができる。

②　債権者の交替による更改は、確定日付のある証書によってしなければ、第三者に対抗することができない。

第５１６条〜第５１７条　削除

（更改後の債務への担保の移転）

第５１８条 債権者（債権者の交替による更改にあっては、更改前の債権者）は、更改前の債務の目的の限度において、その債務の担保として設定された質権又は抵当権を更改後の債務に移すことができる。ただし、第三者がこれを設定した場合には、その承諾を得なければならない。

②　前項の質権又は抵当権の移転は、あらかじめ又は同時に更改の相手方（債権者の交替による更改にあっては、債務者）に対してする意思表示によってしなければならない。

第四款　免除

第５１９条 債権者が債務者に対して債務を免除する意思を表示したときは、その債権は、消滅する。

第五款　混同

第５２０条 債権及び債務が同一人に帰属したときは、その債権は、消滅する。ただし、その債権が第三者の権利の目的であるときは、この限りでない。

第七節　有価証券

第一款　指図証券

（指図証券の譲渡）

第５２０条の２ 指図証券の譲渡は、その証券に譲渡の裏書をして譲受人に交付しなければ、その効力を生じない。

（指図証券の裏書の方式）

第５２０条の３ 指図証券の譲渡については、その指図証券の性質に応じ、手形法（昭和七年法律第二十号）中裏書の方式に関する規定を準用する。

（指図証券の所持人の権利の推定）

第５２０条の４　指図証券の所持人が裏書の連続によりその権利を証明するときは、その所持人は、証券上の権利を適法に有するものと推定する。

（指図証券の善意取得）

第５２０条の５　何らかの事由により指図証券の占有を失った者がある場合において、その所持人が前条の規定によりその権利を証明するときは、その所持人は、その証券を返還する義務を負わない。ただし、その所持人が悪意又は重大な過失によりその証券を取得したときは、この限りでない。

（指図証券の譲渡における債務者の抗弁の制限）

第５２０条の６　指図証券の債務者は、その証券に記載した事項及びその証券の性質から当然に生ずる結果を除き、その証券の譲渡前の債権者に対抗することができた事由をもって善意の譲受人に対抗することができない。

（指図証券の質入れ）

第５２０条の７　第５２０条の２から前条までの規定は、指図証券を目的とする質権の設定について準用する。

（指図証券の弁済の場所）

第５２０条の８　指図証券の弁済は、債務者の現在の住所においてしなければならない。

（指図証券の提示と履行遅滞）

第５２０条の９　指図証券の債務者は、その債務の履行について期限の定めがあるときであっても、その期限が到来した後に所持人がその証券を提示してその履行の請求をした時から遅滞の責任を負う。

（指図証券の債務者の調査の権利等）

第５２０条の１０　指図証券の債務者は、その証券の所持人並びにその署名及び押印の真偽を調査する権利を有するが、その義務を負わない。ただし、債務者に悪意又は重大な過失があるときは、その弁済は、無効とする。

（指図証券の喪失）

第５２０条の１１　指図証券は、非訟事件手続法（平成二十三年法律第五十一号）第１００条に規定する公示催告手続によって無効とすることができる。

（指図証券喪失の場合の権利行使方法）

第５２０条の１２　金銭その他の物又は有価証券の給付を目的とする指図証券の所持人がその指図証券を喪失した場合において、非訟事件手続法第１１４条に規定する公示催告の申立てをしたときは、その債務者に、その債務の目的物を供託させ、又は相当の担保を供してその指図証券の趣旨に従い履行をさせることができる。

第二款　記名式所持人払証券

（記名式所持人払証券の譲渡）

第５２０条の１３　記名式所持人払証券（債権者を指名する記載がされている証券であって、その所持人に弁済をすべき旨が付記されているものをいう。以下同じ。）の譲渡は、その証券を交付しなければ、その効力を生じない。

（記名式所持人払証券の所持人の権利の推定）

第５２０条の１４　記名式所持人払証券の所持人は、証券上の権利を適法に有するものと推定する。

（記名式所持人払証券の善意取得）

第５２０条の１５ 何らかの事由により記名式所持人払証券の占有を失った者がある場合において、その所持人が前条の規定によりその権利を証明するときは、その所持人は、その証券を返還する義務を負わない。ただし、その所持人が悪意又は重大な過失によりその証券を取得したときは、この限りでない。

（記名式所持人払証券の譲渡における債務者の抗弁の制限）

第５２０条の１６ 記名式所持人払証券の債務者は、その証券に記載した事項及びその証券の性質から当然に生ずる結果を除き、その証券の譲渡前の債権者に対抗することができた事由をもって善意の譲受人に対抗することができない。

（記名式所持人払証券の質入れ）

第５２０条の１７ 第５２０条の１３から前条までの規定は、記名式所持人払証券を目的とする質権の設定について準用する。

（指図証券の規定の準用）

第５２０条の１８ 第５２０条の８から第５２０条の１２までの規定は、記名式所持人払証券について準用する。

第三款　その他の記名証券

第５２０条の１９ 債権者を指名する記載がされている証券であって指図証券及び記名式所持人払証券以外のものは、債権の譲渡又はこれを目的とする質権の設定に関する方式に従い、かつ、その効力をもってのみ、譲渡し、又は質権の目的とすることができる。

② 第５２０条の１１及び第５２０条の１２の規定は、前項の証券について準用する。

第四款　無記名証券

第５２０条の２０ 第二款（記名式所持人払証券）の規定は、無記名証券について準用する。

第二章　契約

第一節　総則

第一款　契約の成立

（契約の締結及び内容の自由）

第５２１条 何人も、法令に特別の定めがある場合を除き、契約をするかどうかを自由に決定することができる。

② 契約の当事者は、法令の制限内において、契約の内容を自由に決定することができる。

（契約の成立と方式）

第５２２条 契約は、契約の内容を示してその締結を申し入れる意思表示（以下「申込み」という。）に対して相手方が承諾をしたときに成立する。

② 契約の成立には、法令に特別の定めがある場合を除き、書面の作成その他の方式を具備することを要しない。

（承諾の期間の定めのある申込み）

第５２３条 承諾の期間を定めてした申込みは、撤回することができない。ただし、申込者が撤回をする権利を留保したときは、この限りでない。

② 申込者が前項の申込みに対して同項の期間内に承諾の通知を受けなかったときは、その申込みは、その効力を失う。

（遅延した承諾の効力）

第５２４条 申込者は、遅延した承諾を新たな申込みとみなすことができる。

（承諾の期間の定めのない申込み）

第５２５条　承諾の期間を定めないでした申込みは、申込者が承諾の通知を受けるのに相当な期間を経過するまでは、撤回することができない。ただし、申込者が撤回をする権利を留保したときは、この限りでない。

②　対話者に対してした前項の申込みは、同項の規定にかかわらず、その対話が継続している間は、いつでも撤回することができる。

③　対話者に対してした第１項の申込みに対して対話が継続している間に申込者が承諾の通知を受けなかったときは、その申込みは、その効力を失う。ただし、申込者が対話の終了後もその申込みが効力を失わない旨を表示したときは、この限りでない。

（申込者の死亡等）

第５２６条　申込者が申込みの通知を発した後に死亡し、意思能力を有しない常況にある者となり、又は行為能力の制限を受けた場合において、申込者がその事実が生じたとすればその申込みは効力を有しない旨の意思を表示していたとき、又はその相手方が承諾の通知を発するまでにその事実が生じたことを知ったときは、その申込みは、その効力を有しない。

（承諾の通知を必要としない場合における契約の成立時期）

第５２７条　申込者の意思表示又は取引上の慣習により承諾の通知を必要としない場合には、契約は、承諾の意思表示と認めるべき事実があった時に成立する。

（申込みに変更を加えた承諾）

第５２８条　承諾者が、申込みに条件を付し、その他変更を加えてこれを承諾したときは、その申込みの拒絶とともに新たな申込みをしたものとみなす。

（懸賞広告）

第５２９条　ある行為をした者に一定の報酬を与える旨を広告した者（以下「懸賞広告者」という。）は、その行為をした者がその広告を知っていたかどうかにかかわらず、その者に対してその報酬を与える義務を負う。

（指定した行為をする期間の定めのある懸賞広告）

第５２９条の２　懸賞広告者は、その指定した行為をする期間を定めてした広告を撤回することができない。ただし、その広告において撤回をする権利を留保したときは、この限りでない。

②　前項の広告は、その期間内に指定した行為を完了する者がないときは、その効力を失う。

（指定した行為をする期間の定めのない懸賞広告）

第５２９条の３　懸賞広告者は、その指定した行為を完了する者がない間は、その指定した行為をする期間を定めないでした広告を撤回することができる。ただし、その広告中に撤回をしない旨を表示したときは、この限りでない。

（懸賞広告の撤回の方法）

第５３０条　前の広告と同一の方法による広告の撤回は、これを知らない者に対しても、その効力を有する。

②　広告の撤回は、前の広告と異なる方法によっても、することができる。ただし、その撤回は、これを知った者に対してのみ、その効力を有する。

（懸賞広告の報酬を受ける権利）

第５３１条　広告に定めた行為をした者が数人あるときは、最初にその行為をした者のみが報酬を受ける権利を有する。

②　数人が同時に前項の行為をした場合には、

各自が等しい割合で報酬を受ける権利を有する。ただし、報酬がその性質上分割に適しないとき、又は広告において一人のみがこれを受けるものとしたときは、抽選でこれを受ける者を定める。

③　前2項の規定は、広告中にこれと異なる意思を表示したときは、適用しない。

（優等懸賞広告）

第532条　広告に定めた行為をした者が数人ある場合において、その優等者のみに報酬を与えるべきときは、その広告は、応募の期間を定めたときに限り、その効力を有する。

②　前項の場合において、応募者中いずれの者の行為が優等であるかは、広告中に定めた者が判定し、広告中に判定をする者を定めなかったときは懸賞広告者が判定する。

③　応募者は、前項の判定に対して異議を述べることができない。

④　前条第2項の規定は、数人の行為が同等と判定された場合について準用する。

第二款　契約の効力
（同時履行の抗弁）

第533条　双務契約の当事者の一方は、相手方がその債務の履行（債務の履行に代わる損害賠償の債務の履行を含む。）を提供するまでは、自己の債務の履行を拒むことができる。ただし、相手方の債務が弁済期にないときは、この限りでない。

第534条～第535条　削除

（債務者の危険負担等）

第536条　当事者双方の責めに帰することができない事由によって債務を履行することができなくなったときは、債権者は、反対給付の履行を拒むことができる。

②　債権者の責めに帰すべき事由によって債務✒

を履行することができなくなったときは、債権者は、反対給付の履行を拒むことができない。この場合において、債務者は、自己の債務を免れたことによって利益を得たときは、これを債権者に償還しなければならない。

（第三者のためにする契約）

第537条　契約により当事者の一方が第三者に対してある給付をすることを約したときは、その第三者は、債務者に対して直接にその給付を請求する権利を有する。

②　前項の契約は、その成立の時に第三者が現に存しない場合又は第三者が特定していない場合であっても、そのためにその効力を妨げられない。

③　第1項の場合において、第三者の権利は、その第三者が債務者に対して同項の契約の利益を享受する意思を表示した時に発生する。

（第三者の権利の確定）

第538条　前条の規定により第三者の権利が発生した後は、当事者は、これを変更し、又は消滅させることができない。

②　前条の規定により第三者の権利が発生した後に、債務者がその第三者に対する債務を履行しない場合には、同条第1項の契約の相手方は、その第三者の承諾を得なければ、契約を解除することができない。

（債務者の抗弁）

第539条　債務者は、第537条第1項の契約に基づく抗弁をもって、その契約の利益を受ける第三者に対抗することができる。

第三款　契約上の地位の移転

第539条の2　契約の当事者の一方が第三者との間で契約上の地位を譲渡する旨の合意をした場合において、その契約の相手方がその✒

譲渡を承諾したときは、契約上の地位は、その第三者に移転する。

第四款　契約の解除
（解除権の行使）
第５４０条　契約又は法律の規定により当事者の一方が解除権を有するときは、その解除は、相手方に対する意思表示によってする。
②　前項の意思表示は、撤回することができない。

（催告による解除）
第５４１条　当事者の一方がその債務を履行しない場合において、相手方が相当の期間を定めてその履行の催告をし、その期間内に履行がないときは、相手方は、契約の解除をすることができる。ただし、その期間を経過した時における債務の不履行がその契約及び取引上の社会通念に照らして軽微であるときは、この限りでない。

（催告によらない解除）
第５４２条　次に掲げる場合には、債権者は、前条の催告をすることなく、直ちに契約の解除をすることができる。
一　債務の全部の履行が不能であるとき。
二　債務者がその債務の全部の履行を拒絶する意思を明確に表示したとき。
三　債務の一部の履行が不能である場合又は債務者がその債務の一部の履行を拒絶する意思を明確に表示した場合において、残存する部分のみでは契約をした目的を達することができないとき。
四　契約の性質又は当事者の意思表示により、特定の日時又は一定の期間内に履行をしなければ契約をした目的を達することができない場合において、債務者が履行をしないでその時期を経過したとき。

五　前各号に掲げる場合のほか、債務者がその債務の履行をせず、債権者が前条の催告をしても契約をした目的を達するのに足りる履行がされる見込みがないことが明らかであるとき。
②　次に掲げる場合には、債権者は、前条の催告をすることなく、直ちに契約の一部の解除をすることができる。
一　債務の一部の履行が不能であるとき。
二　債務者がその債務の一部の履行を拒絶する意思を明確に表示したとき。

（債権者の責めに帰すべき事由による場合）
第５４３条　債務の不履行が債権者の責めに帰すべき事由によるものであるときは、債権者は、前２条の規定による契約の解除をすることができない。

（解除権の不可分性）
第５４４条　当事者の一方が数人ある場合には、契約の解除は、その全員から又はその全員に対してのみ、することができる。
②　前項の場合において、解除権が当事者のうちの一人について消滅したときは、他の者についても消滅する。

（解除の効果）
第５４５条　当事者の一方がその解除権を行使したときは、各当事者は、その相手方を原状に復させる義務を負う。ただし、第三者の権利を害することはできない。
②　前項本文の場合において、金銭を返還するときは、その受領の時から利息を付さなければならない。
③　第１項本文の場合において、金銭以外の物を返還するときは、その受領の時以後に生じた果実をも返還しなければならない。
④　解除権の行使は、損害賠償の請求を妨げない。

（契約の解除と同時履行）

第５４６条 第５３３条の規定は、前条の場合について準用する。

（催告による解除権の消滅）

第５４７条 解除権の行使について期間の定めがないときは、相手方は、解除権を有する者に対し、相当の期間を定めて、その期間内に解除をするかどうかを確答すべき旨の催告をすることができる。この場合において、その期間内に解除の通知を受けないときは、解除権は、消滅する。

（解除権者の故意による目的物の損傷等による解除権の消滅）

第５４８条 解除権を有する者が故意若しくは過失によって契約の目的物を著しく損傷し、若しくは返還することができなくなったとき、又は加工若しくは改造によってこれを他の種類の物に変えたときは、解除権は、消滅する。ただし、解除権を有する者がその解除権を有することを知らなかったときは、この限りでない。

第五款　定型約款

（定型約款の合意）

第５４８条の２ 定型取引（ある特定の者が不特定多数の者を相手方として行う取引であって、その内容の全部又は一部が画一的であることがその双方にとって合理的なものをいう。以下同じ。）を行うことの合意（次条において「定型取引合意」という。）をした者は、次に掲げる場合には、定型約款（定型取引において、契約の内容とすることを目的としてその特定の者により準備された条項の総体をいう。以下同じ。）の個別の条項についても合意をしたものとみなす。

一　定型約款を契約の内容とする旨の合意をしたとき。↙

二　定型約款を準備した者（以下「定型約款準備者」という。）があらかじめその定型約款を契約の内容とする旨を相手方に表示していたとき。

② 前項の規定にかかわらず、同項の条項のうち、相手方の権利を制限し、又は相手方の義務を加重する条項であって、その定型取引の態様及びその実情並びに取引上の社会通念に照らして第１条第２項に規定する基本原則に反して相手方の利益を一方的に害すると認められるものについては、合意をしなかったものとみなす。

（定型約款の内容の表示）

第５４８条の３ 定型取引を行い、又は行おうとする定型約款準備者は、定型取引合意の前又は定型取引合意の後相当の期間内に相手方から請求があった場合には、遅滞なく、相当な方法でその定型約款の内容を示さなければならない。ただし、定型約款準備者が既に相手方に対して定型約款を記載した書面を交付し、又はこれを記録した電磁的記録を提供していたときは、この限りでない。

② 定型約款準備者が定型取引合意の前において前項の請求を拒んだときは、前条の規定は、適用しない。ただし、一時的な通信障害が発生した場合その他正当な事由がある場合は、この限りでない。

（定型約款の変更）

第５４８条の４ 定型約款準備者は、次に掲げる場合には、定型約款の変更をすることにより、変更後の定型約款の条項について合意があったものとみなし、個別に相手方と合意をすることなく契約の内容を変更することができる。

一　定型約款の変更が、相手方の一般の利益に適合するとき。

二　定型約款の変更が、契約をした目的に↙

反せず、かつ、変更の必要性、変更後の内容の相当性、この条の規定により定型約款の変更をすることがある旨の定めの有無及びその内容その他の変更に係る事情に照らして合理的なものであるとき。

② 定型約款準備者は、前項の規定による定型約款の変更をするときは、その効力発生時期を定め、かつ、定型約款を変更する旨及び変更後の定型約款の内容並びにその効力発生時期をインターネットの利用その他の適切な方法により周知しなければならない。

③ 第１項第二号の規定による定型約款の変更は、前項の効力発生時期が到来するまでに同項の規定による周知をしなければ、その効力を生じない。

④ 第５４８条の２第２項の規定は、第１項の規定による定型約款の変更については、適用しない。

第二節　贈与

（贈与）

第５４９条 贈与は、当事者の一方がある財産を無償で相手方に与える意思を表示し、相手方が受諾をすることによって、その効力を生ずる。

（書面によらない贈与の解除）

第５５０条 書面によらない贈与は、各当事者が解除をすることができる。ただし、履行の終わった部分については、この限りでない。

（贈与者の引渡義務等）

第５５１条 贈与者は、贈与の目的である物又は権利を、贈与の目的として特定した時の状態で引き渡し、又は移転することを約したものと推定する。

② 負担付贈与については、贈与者は、その負担の限度において、売主と同じく担保の責任を負う。

（定期贈与）

第５５２条 定期の給付を目的とする贈与は、贈与者又は受贈者の死亡によって、その効力を失う。

（負担付贈与）

第５５３条 負担付贈与については、この節に定めるもののほか、その性質に反しない限り、双務契約に関する規定を準用する。

（死因贈与）

第５５４条 贈与者の死亡によって効力を生ずる贈与については、その性質に反しない限り、遺贈に関する規定を準用する。

第三節　売買
第一款　総則

（売買）

第５５５条 売買は、当事者の一方がある財産権を相手方に移転することを約し、相手方がこれに対してその代金を支払うことを約することによって、その効力を生ずる。

（売買の一方の予約）

第５５６条 売買の一方の予約は、相手方が売買を完結する意思を表示した時から、売買の効力を生ずる。

② 前項の意思表示について期間を定めなかったときは、予約者は、相手方に対し、相当の期間を定めて、その期間内に売買を完結するかどうかを確答すべき旨の催告をすることができる。この場合において、相手方がその期間内に確答をしないときは、売買の一方の予約は、その効力を失う。

（手付）

第５５７条　買主が売主に手付を交付したときは、買主はその手付を放棄し、売主はその倍額を現実に提供して、契約の解除をすることができる。ただし、その相手方が契約の履行に着手した後は、この限りでない。

②　第５４５条第４項の規定は、前項の場合には、適用しない。

（売買契約に関する費用）

第５５８条　売買契約に関する費用は、当事者双方が等しい割合で負担する。

（有償契約への準用）

第５５９条　この節の規定は、売買以外の有償契約について準用する。ただし、その有償契約の性質がこれを許さないときは、この限りでない。

第二款　売買の効力

（権利移転の対抗要件に係る売主の義務）

第５６０条　売主は、買主に対し、登記、登録その他の売買の目的である権利の移転についての対抗要件を備えさせる義務を負う。

（他人の権利の売買における売主の義務）

第５６１条　他人の権利（権利の一部が他人に属する場合におけるその権利の一部を含む。）を売買の目的としたときは、売主は、その権利を取得して買主に移転する義務を負う。

（買主の追完請求権）

第５６２条　引き渡された目的物が種類、品質又は数量に関して契約の内容に適合しないものであるときは、買主は、売主に対し、目的物の修補、代替物の引渡し又は不足分の引渡しによる履行の追完を請求することができる。ただし、

売主は、買主に不相当な負担を課するものでないときは、買主が請求した方法と異なる方法による履行の追完をすることができる。

②　前項の不適合が買主の責めに帰すべき事由によるものであるときは、買主は、同項の規定による履行の追完の請求をすることができない。

（買主の代金減額請求権）

第５６３条　前条第１項本文に規定する場合において、買主が相当の期間を定めて履行の追完の催告をし、その期間内に履行の追完がないときは、買主は、その不適合の程度に応じて代金の減額を請求することができる。

②　前項の規定にかかわらず、次に掲げる場合には、買主は、同項の催告をすることなく、直ちに代金の減額を請求することができる。

一　履行の追完が不能であるとき。

二　売主が履行の追完を拒絶する意思を明確に表示したとき。

三　契約の性質又は当事者の意思表示により、特定の日時又は一定の期間内に履行をしなければ契約をした目的を達することができない場合において、売主が履行の追完をしないでその時期を経過したとき。

四　前三号に掲げる場合のほか、買主が前項の催告をしても履行の追完を受ける見込みがないことが明らかであるとき。

③　第１項の不適合が買主の責めに帰すべき事由によるものであるときは、買主は、前２項の規定による代金の減額の請求をすることができない。

（買主の損害賠償請求及び解除権の行使）

第５６４条　前２条の規定は、第４１５条の規定による損害賠償の請求並びに第５４１条及び第５４２条の規定による解除権の行使を妨げない。

（移転した権利が契約の内容に適合しない場合における売主の担保責任）

第５６５条 前３条の規定は、売主が買主に移転した権利が契約の内容に適合しないものである場合（権利の一部が他人に属する場合においてその権利の一部を移転しないときを含む。）について準用する。

（目的物の種類又は品質に関する担保責任の期間の制限）

第５６６条 売主が種類又は品質に関して契約の内容に適合しない目的物を買主に引き渡した場合において、買主がその不適合を知った時から一年以内にその旨を売主に通知しないときは、買主は、その不適合を理由として、履行の追完の請求、代金の減額の請求、損害賠償の請求及び契約の解除をすることができない。ただし、売主が引渡しの時にその不適合を知り、又は重大な過失によって知らなかったときは、この限りでない。

（目的物の滅失等についての危険の移転）

第５６７条 売主が買主に目的物（売買の目的として特定したものに限る。以下この条において同じ。）を引き渡した場合において、その引渡しがあった時以後にその目的物が当事者双方の責めに帰することができない事由によって滅失し、又は損傷したときは、買主は、その滅失又は損傷を理由として、履行の追完の請求、代金の減額の請求、損害賠償の請求及び契約の解除をすることができない。この場合において、買主は、代金の支払を拒むことができない。

② 売主が契約の内容に適合する目的物をもって、その引渡しの債務の履行を提供したにもかかわらず、買主がその履行を受けることを拒み、又は受けることができない場合において、その履行の提供があった時以後に当事者双方の責めに帰することができない事由によってその目的物が滅失

し、又は損傷したときも、前項と同様とする。

（競売における担保責任等）

第５６８条 民事執行法その他の法律の規定に基づく競売（以下この条において単に「競売」という。）における買受人は、第５４１条及び第５４２条の規定並びに第５６３条（第５６５条において準用する場合を含む。）の規定により、債務者に対し、契約の解除をし、又は代金の減額を請求することができる。

② 前項の場合において、債務者が無資力であるときは、買受人は、代金の配当を受けた債権者に対し、その代金の全部又は一部の返還を請求することができる。

③ 前２項の場合において、債務者が物若しくは権利の不存在を知りながら申し出なかったとき、又は債権者がこれを知りながら競売を請求したときは、買受人は、これらの者に対し、損害賠償の請求をすることができる。

④ 前３項の規定は、競売の目的物の種類又は品質に関する不適合については、適用しない。

（債権の売主の担保責任）

第５６９条 債権の売主が債務者の資力を担保したときは、契約の時における資力を担保したものと推定する。

② 弁済期に至らない債権の売主が債務者の将来の資力を担保したときは、弁済期における資力を担保したものと推定する。

（抵当権等がある場合の買主による費用の償還請求）

第５７０条 買い受けた不動産について契約の内容に適合しない先取特権、質権又は抵当権が存していた場合において、買主が費用を支出してその不動産の所有権を保存したときは、買主は、売主に対し、その費用の償還を請求することができる。

第571条　削除

（担保責任を負わない旨の特約）
第572条　売主は、第562条第1項本文又は第565条に規定する場合における担保の責任を負わない旨の特約をしたときであっても、知りながら告げなかった事実及び自ら第三者のために設定し又は第三者に譲り渡した権利については、その責任を免れることができない。

（代金の支払期限）
第573条　売買の目的物の引渡しについて期限があるときは、代金の支払についても同一の期限を付したものと推定する。

（代金の支払場所）
第574条　売買の目的物の引渡しと同時に代金を支払うべきときは、その引渡しの場所において支払わなければならない。

（果実の帰属及び代金の利息の支払）
第575条　まだ引き渡されていない売買の目的物が果実を生じたときは、その果実は、売主に帰属する。
②　買主は、引渡しの日から、代金の利息を支払う義務を負う。ただし、代金の支払について期限があるときは、その期限が到来するまでは、利息を支払うことを要しない。

（権利を取得することができない等のおそれがある場合の買主による代金の支払の拒絶）
第576条　売買の目的について権利を主張する者があることその他の事由により、買主がその買い受けた権利の全部若しくは一部を取得することができず、又は失うおそれがあるときは、買主は、その危険の程度に応じて、代金の全部又は一部の支払を拒むことができる。ただし、売主が相当の担保を供したときは、この限りでない。

（抵当権等の登記がある場合の買主による代金の支払の拒絶）
第577条　買い受けた不動産について契約の内容に適合しない抵当権の登記があるときは、買主は、抵当権消滅請求の手続が終わるまで、その代金の支払を拒むことができる。この場合において、売主は、買主に対し、遅滞なく抵当権消滅請求をすべき旨を請求することができる。
②　前項の規定は、買い受けた不動産について契約の内容に適合しない先取特権又は質権の登記がある場合について準用する。

（売主による代金の供託の請求）
第578条　前2条の場合においては、売主は、買主に対して代金の供託を請求することができる。

第三款　買戻し
（買戻しの特約）
第579条　不動産の売主は、売買契約と同時にした買戻しの特約により、買主が支払った代金（別段の合意をした場合にあっては、その合意により定めた金額。第583条第1項において同じ。）及び契約の費用を返還して、売買の解除をすることができる。この場合において、当事者が別段の意思を表示しなかったときは、不動産の果実と代金の利息とは相殺したものとみなす。

（買戻しの期間）
第580条　買戻しの期間は、十年を超えることができない。特約でこれより長い期間を定めたときは、その期間は、十年とする。
②　買戻しについて期間を定めたときは、その後にこれを伸長することができない。
③　買戻しについて期間を定めなかったときは、五年以内に買戻しをしなければならない。

（買戻しの特約の対抗力）

第581条 売買契約と同時に買戻しの特約を登記したときは、買戻しは、第三者に対抗することができる。

② 前項の登記がされた後に第605条の2第1項に規定する対抗要件を備えた賃借人の権利は、その残存期間中一年を超えない期間に限り、売主に対抗することができる。ただし、売主を害する目的で賃貸借をしたときは、この限りでない。

（買戻権の代位行使）

第582条 売主の債権者が第423条の規定により売主に代わって買戻しをしようとするときは、買主は、裁判所において選任した鑑定人の評価に従い、不動産の現在の価額から売主が返還すべき金額を控除した残額に達するまで売主の債務を弁済し、なお残余があるときはこれを売主に返還して、買戻権を消滅させることができる。

（買戻しの実行）

第583条 売主は、第580条に規定する期間内に代金及び契約の費用を提供しなければ、買戻しをすることができない。

② 買主又は転得者が不動産について費用を支出したときは、売主は、第196条の規定に従い、その償還をしなければならない。ただし、有益費については、裁判所は、売主の請求により、その償還について相当の期限を許与することができる。

（共有持分の買戻特約付売買）

第584条 不動産の共有者の一人が買戻しの特約を付してその持分を売却した後に、その不動産の分割又は競売があったときは、売主は、買主が受け、若しくは受けるべき部分又は代金について、買戻しをすることができる。ただし、

売主に通知をしないでした分割及び競売は、売主に対抗することができない。

第585条 前条の場合において、買主が不動産の競売における買受人となったときは、売主は、競売の代金及び第583条に規定する費用を支払って買戻しをすることができる。この場合において、売主は、その不動産の全部の所有権を取得する。

② 他の共有者が分割を請求したことにより買主が競売における買受人となったときは、売主は、その持分のみについて買戻しをすることはできない。

第四節　交換

第586条 交換は、当事者が互いに金銭の所有権以外の財産権を移転することを約することによって、その効力を生ずる。

② 当事者の一方が他の権利とともに金銭の所有権を移転することを約した場合におけるその金銭については、売買の代金に関する規定を準用する。

第五節　消費貸借

（消費貸借）

第587条 消費貸借は、当事者の一方が種類、品質及び数量の同じ物をもって返還をすることを約して相手方から金銭その他の物を受け取ることによって、その効力を生ずる。

（書面でする消費貸借等）

第587条の2 前条の規定にかかわらず、書面でする消費貸借は、当事者の一方が金銭その他の物を引き渡すことを約し、相手方がその受け取った物と種類、品質及び数量の同じ物をもって返還をすることを約することによって、その効力を生ずる。

② 書面でする消費貸借の借主は、貸主から金銭その他の物を受け取るまで、契約の解除をすることができる。この場合において、貸主は、その契約の解除によって損害を受けたときは、借主に対し、その賠償を請求することができる。

③ 書面でする消費貸借は、借主が貸主から金銭その他の物を受け取る前に当事者の一方が破産手続開始の決定を受けたときは、その効力を失う。

④ 消費貸借がその内容を記録した電磁的記録によってされたときは、その消費貸借は、書面によってされたものとみなして、前3項の規定を適用する。

（準消費貸借）

第588条 金銭その他の物を給付する義務を負う者がある場合において、当事者がその物を消費貸借の目的とすることを約したときは、消費貸借は、これによって成立したものとみなす。

（利息）

第589条 貸主は、特約がなければ、借主に対して利息を請求することができない。

② 前項の特約があるときは、貸主は、借主が金銭その他の物を受け取った日以後の利息を請求することができる。

（貸主の引渡義務等）

第590条 第551条の規定は、前条第1項の特約のない消費貸借について準用する。

② 前条第1項の特約の有無にかかわらず、貸主から引き渡された物が種類又は品質に関して契約の内容に適合しないものであるときは、借主は、その物の価額を返還することができる。

（返還の時期）

第591条 当事者が返還の時期を定めなかったときは、貸主は、相当の期間を定めて返還の催告をすることができる。

② 借主は、返還の時期の定めの有無にかかわらず、いつでも返還をすることができる。

③ 当事者が返還の時期を定めた場合において、貸主は、借主がその時期の前に返還をしたことによって損害を受けたときは、借主に対し、その賠償を請求することができる。

（価額の償還）

第592条 借主が貸主から受け取った物と種類、品質及び数量の同じ物をもって返還をすることができなくなったときは、その時における物の価額を償還しなければならない。ただし、第402条第2項に規定する場合は、この限りでない。

第六節　使用貸借

（使用貸借）

第593条 使用貸借は、当事者の一方がある物を引き渡すことを約し、相手方がその受け取った物について無償で使用及び収益をして契約が終了したときに返還をすることを約することによって、その効力を生ずる。

（借用物受取り前の貸主による使用貸借の解除）

第593条の2 貸主は、借主が借用物を受け取るまで、契約の解除をすることができる。ただし、書面による使用貸借については、この限りでない。

（借主による使用及び収益）

第594条 借主は、契約又はその目的物の性質によって定まった用法に従い、その物の使用及び収益をしなければならない。↴

② 借主は、貸主の承諾を得なければ、第三者に借用物の使用又は収益をさせることができない。

③ 借主が前2項の規定に違反して使用又は収益をしたときは、貸主は、契約の解除をすることができる。

（借用物の費用の負担）

第５９５条 借主は、借用物の通常の必要費を負担する。

② 第５８３条第２項の規定は、前項の通常の必要費以外の費用について準用する。

（貸主の引渡義務等）

第５９６条 第５５１条の規定は、使用貸借について準用する。

（期間満了等による使用貸借の終了）

第５９７条 当事者が使用貸借の期間を定めたときは、使用貸借は、その期間が満了することによって終了する。

② 当事者が使用貸借の期間を定めなかった場合において、使用及び収益の目的を定めたときは、使用貸借は、借主がその目的に従い使用及び収益を終えることによって終了する。

③ 使用貸借は、借主の死亡によって終了する。

（使用貸借の解除）

第５９８条 貸主は、前条第２項に規定する場合において、同項の目的に従い借主が使用及び収益をするのに足りる期間を経過したときは、契約の解除をすることができる。

② 当事者が使用貸借の期間並びに使用及び収益の目的を定めなかったときは、貸主は、いつでも契約の解除をすることができる。

③ 借主は、いつでも契約の解除をすることができる。

（借主による収去等）

第５９９条 借主は、借用物を受け取った後にこれに附属させた物がある場合において、使用貸借が終了したときは、その附属させた物を収去する義務を負う。ただし、借用物から分離することができない物又は分離するのに過分の費用を要する物については、この限りでない。

② 借主は、借用物を受け取った後にこれに附属させた物を収去することができる。

③ 借主は、借用物を受け取った後にこれに生じた損傷がある場合において、使用貸借が終了したときは、その損傷を原状に復する義務を負う。ただし、その損傷が借主の責めに帰することができない事由によるものであるときは、この限りでない。

（損害賠償及び費用の償還の請求権についての期間の制限）

第６００条 契約の本旨に反する使用又は収益によって生じた損害の賠償及び借主が支出した費用の償還は、貸主が返還を受けた時から一年以内に請求しなければならない。

② 前項の損害賠償の請求権については、貸主が返還を受けた時から一年を経過するまでの間は、時効は、完成しない。

第七節　賃貸借
第一款　総則

（賃貸借）

第６０１条 賃貸借は、当事者の一方がある物の使用及び収益を相手方にさせることを約し、相手方がこれに対してその賃料を支払うこと及び引渡しを受けた物を契約が終了したときに返還することを約することによって、その効力を生ずる。

（短期賃貸借）

第６０２条 処分の権限を有しない者が賃貸借をする場合には、次の各号に掲げる賃貸借は、それぞれ当該各号に定める期間を超えることができない。契約でこれより長い期間を定めたときであっても、その期間は、当該各号に定める期間とする。

一 樹木の栽植又は伐採を目的とする山林の賃貸借　十年

二 前号に掲げる賃貸借以外の土地の賃貸借　五年

三 建物の賃貸借　三年

四 動産の賃貸借　六箇月

（短期賃貸借の更新）

第６０３条 前条に定める期間は、更新することができる。ただし、その期間満了前、土地については一年以内、建物については三箇月以内、動産については一箇月以内に、その更新をしなければならない。

（賃貸借の存続期間）

第６０４条 賃貸借の存続期間は、五十年を超えることができない。契約でこれより長い期間を定めたときであっても、その期間は、五十年とする。

② 賃貸借の存続期間は、更新することができる。ただし、その期間は、更新の時から五十年を超えることができない。

第二款　賃貸借の効力

（不動産賃貸借の対抗力）

第６０５条 不動産の賃貸借は、これを登記したときは、その不動産について物権を取得した者その他の第三者に対抗することができる。

（不動産の賃貸人たる地位の移転）

第６０５条の２ 前条、借地借家法（平成三年法律第九十号）第１０条又は第３１条その他の法令の規定による賃貸借の対抗要件を備えた場合において、その不動産が譲渡されたときは、その不動産の賃貸人たる地位は、その譲受人に移転する。

② 前項の規定にかかわらず、不動産の譲渡人及び譲受人が、賃貸人たる地位を譲渡人に留保する旨及びその不動産を譲受人が譲渡人に賃貸する旨の合意をしたときは、賃貸人たる地位は、譲受人に移転しない。この場合において、譲渡人と譲受人又はその承継人との間の賃貸借が終了したときは、譲渡人に留保されていた賃貸人たる地位は、譲受人又はその承継人に移転する。

③ 第１項又は前項後段の規定による賃貸人たる地位の移転は、賃貸物である不動産について所有権の移転の登記をしなければ、賃借人に対抗することができない。

④ 第１項又は第２項後段の規定により賃貸人たる地位が譲受人又はその承継人に移転したときは、第６０８条の規定による費用の償還に係る債務及び第６２２条の２第１項の規定による同項に規定する敷金の返還に係る債務は、譲受人又はその承継人が承継する。

（合意による不動産の賃貸人たる地位の移転）

第６０５条の３ 不動産の譲渡人が賃貸人であるときは、その賃貸人たる地位は、賃借人の承諾を要しないで、譲渡人と譲受人との合意により、譲受人に移転させることができる。この場合においては、前条第３項及び第４項の規定を準用する。

（不動産の賃借人による妨害の停止の請求等）

第６０５条の４ 不動産の賃借人は、第６０５条の２第１項に規定する対抗要件を備えた場合において、次の各号に掲げるときは、それぞれ当該各号に定める請求をすることができる。➴

一 その不動産の占有を第三者が妨害している
とき
その第三者に対する妨害の停止の請求
二 その不動産を第三者が占有しているとき
その第三者に対する返還の請求

（賃貸人による修繕等）
第６０６条 賃貸人は、賃貸物の使用及び収益
に必要な修繕をする義務を負う。ただし、賃借
人の責めに帰すべき事由によってその修繕が必
要となったときは、この限りでない。
② 賃貸人が賃貸物の保存に必要な行為をしよ
うとするときは、賃借人は、これを拒むことが
できない。

（賃借人の意思に反する保存行為）
第６０７条 賃貸人が賃借人の意思に反して
保存行為をしようとする場合において、そのた
めに賃借人が賃借をした目的を達することがで
きなくなるときは、賃借人は、契約の解除をす
ることができる。

（賃借人による修繕）
第６０７条の２ 賃借物の修繕が必要である
場合において、次に掲げるときは、賃借人は、
その修繕をすることができる。
一 賃借人が賃貸人に修繕が必要である旨を通
知し、又は賃貸人がその旨を知ったにもか
かわらず、賃貸人が相当の期間内に必要な
修繕をしないとき。
二 急迫の事情があるとき。

（賃借人による費用の償還請求）
第６０８条 賃借人は、賃借物について賃貸人
の負担に属する必要費を支出したときは、賃貸
人に対し、直ちにその償還を請求することがで
きる。
② 賃借人が賃借物について有益費を支出した↙

ときは、賃貸人は、賃貸借の終了の時に、第１
９６条第２項の規定に従い、その償還をしなけ
ればならない。ただし、裁判所は、賃貸人の請
求により、その償還について相当の期限を許与
することができる。

（減収による賃料の減額請求）
第６０９条 耕作又は牧畜を目的とする土地
の賃借人は、不可抗力によって賃料より少ない
収益を得たときは、その収益の額に至るまで、
賃料の減額を請求することができる。

（減収による解除）
第６１０条 前条の場合において、同条の賃借
人は、不可抗力によって引き続き二年以上賃料
より少ない収益を得たときは、契約の解除をす
ることができる。

（賃借物の一部滅失等による賃料の減額等）
第６１１条 賃借物の一部が滅失その他の事
由により使用及び収益をすることができなくな
った場合において、それが賃借人の責めに帰す
ることができない事由によるものであるときは、
賃料は、その使用及び収益をすることができな
くなった部分の割合に応じて、減額される。
② 賃借物の一部が滅失その他の事由により使
用及び収益をすることができなくなった場合に
おいて、残存する部分のみでは賃借人が賃借を
した目的を達することができないときは、賃借
人は、契約の解除をすることができる。

（賃借権の譲渡及び転貸の制限）
第６１２条 賃借人は、賃貸人の承諾を得なけ
れば、その賃借権を譲り渡し、又は賃借物を転
貸することができない。
② 賃借人が前項の規定に違反して第三者に賃
借物の使用又は収益をさせたときは、賃貸人は、
契約の解除をすることができる。

（転貸の効果）

第613条　賃借人が適法に賃借物を転貸したときは、転借人は、賃貸人と賃借人との間の賃貸借に基づく賃借人の債務の範囲を限度として、賃貸人に対して転貸借に基づく債務を直接履行する義務を負う。この場合においては、賃料の前払をもって賃貸人に対抗することができない。

②　前項の規定は、賃貸人が賃借人に対してその権利を行使することを妨げない。

③　賃借人が適法に賃借物を転貸した場合には、賃貸人は、賃借人との間の賃貸借を合意により解除したことをもって転借人に対抗することができない。ただし、その解除の当時、賃貸人が賃借人の債務不履行による解除権を有していたときは、この限りでない。

（賃料の支払時期）

第614条　賃料は、動産、建物及び宅地については毎月末に、その他の土地については毎年末に、支払わなければならない。ただし、収穫の季節があるものについては、その季節の後に遅滞なく支払わなければならない。

（賃借人の通知義務）

第615条　賃借物が修繕を要し、又は賃借物について権利を主張する者があるときは、賃借人は、遅滞なくその旨を賃貸人に通知しなければならない。ただし、賃貸人が既にこれを知っているときは、この限りでない。

（賃借人による使用及び収益）

第616条　第594条第1項の規定は、賃貸借について準用する。

第三款　賃貸借の終了

（賃借物の全部滅失等による賃貸借の終了）

第616条の2　賃借物の全部が滅失その他➷

の事由により使用及び収益をすることができなくなった場合には、賃貸借は、これによって終了する。

（期間の定めのない賃貸借の解約の申入れ）

第617条　当事者が賃貸借の期間を定めなかったときは、各当事者は、いつでも解約の申入れをすることができる。この場合においては、次の各号に掲げる賃貸借は、解約の申入れの日からそれぞれ当該各号に定める期間を経過することによって終了する。

一　土地の賃貸借　　　一年

二　建物の賃貸借　　　三箇月

三　動産及び貸席の賃貸借　　　一日

②　収穫の季節がある土地の賃貸借については、その季節の後次の耕作に着手する前に、解約の申入れをしなければならない。

（期間の定めのある賃貸借の解約をする権利の留保）

第618条　当事者が賃貸借の期間を定めた場合であっても、その一方又は双方がその期間内に解約をする権利を留保したときは、前条の規定を準用する。

（賃貸借の更新の推定等）

第619条　賃貸借の期間が満了した後賃借人が賃借物の使用又は収益を継続する場合において、賃貸人がこれを知りながら異議を述べないときは、従前の賃貸借と同一の条件で更に賃貸借をしたものと推定する。この場合において、各当事者は、第617条の規定により解約の申入れをすることができる。

②　従前の賃貸借について当事者が担保を供していたときは、その担保は、期間の満了によって消滅する。ただし、第622条の2第1項に規定する敷金については、この限りでない。

（賃貸借の解除の効力）

第620条　賃貸借の解除をした場合には、その解除は、将来に向かってのみその効力を生ずる。この場合においては、損害賠償の請求を妨げない。

（賃借人の原状回復義務）

第621条　賃借人は、賃借物を受け取った後にこれに生じた損傷（通常の使用及び収益によって生じた賃借物の損耗並びに賃借物の経年変化を除く。以下この条において同じ。）がある場合において、賃貸借が終了したときは、その損傷を原状に復する義務を負う。ただし、その損傷が賃借人の責めに帰することができない事由によるものであるときは、この限りでない。

（使用貸借の規定の準用）

第622条　第597条第1項、第599条第1項及び第2項並びに第600条の規定は、賃貸借について準用する。

第四款　敷金

第622条の2　賃貸人は、敷金（いかなる名目によるかを問わず、賃料債務その他の賃貸借に基づいて生ずる賃借人の賃貸人に対する金銭の給付を目的とする債務を担保する目的で、賃借人が賃貸人に交付する金銭をいう。以下この条において同じ。）を受け取っている場合において、次に掲げるときは、賃借人に対し、その受け取った敷金の額から賃貸借に基づいて生じた賃借人の賃貸人に対する金銭の給付を目的とする債務の額を控除した残額を返還しなければならない。

一　賃貸借が終了し、かつ、賃貸物の返還を受けたとき。

二　賃借人が適法に賃借権を譲り渡したとき。

②　賃貸人は、賃借人が賃貸借に基づいて生じた金銭の給付を目的とする債務を履行しない↙

ときは、敷金をその債務の弁済に充てることができる。この場合において、賃貸人は、賃借人に対し、敷金をその債務の弁済に充てることを請求することができない。

第八節　雇用

（雇用）

第623条　雇用は、当事者の一方が相手方に対して労働に従事することを約し、相手方がこれに対してその報酬を与えることを約することによって、その効力を生ずる。

（報酬の支払時期）

第624条　労働者は、その約した労働を終わった後でなければ、報酬を請求することができない。

②　期間によって定めた報酬は、その期間を経過した後に、請求することができる。

（履行の割合に応じた報酬）

第624条の2　労働者は、次に掲げる場合には、既にした履行の割合に応じて報酬を請求することができる。

一　使用者の責めに帰することができない事由によって労働に従事することができなくなったとき。

二　雇用が履行の中途で終了したとき。

（使用者の権利の譲渡の制限等）

第625条　使用者は、労働者の承諾を得なければ、その権利を第三者に譲り渡すことができない。

②　労働者は、使用者の承諾を得なければ、自己に代わって第三者を労働に従事させることができない。

③　労働者が前項の規定に違反して第三者を労働に従事させたときは、使用者は、契約の解除をすることができる。

（期間の定めのある雇用の解除）

<u>第626条</u>　雇用の期間が五年を超え、又はその終期が不確定であるときは、当事者の一方は、五年を経過した後、いつでも契約の解除をすることができる。

②　前項の規定により契約の解除をしようとする者は、それが使用者であるときは三箇月前、労働者であるときは二週間前に、その予告をしなければならない。

（期間の定めのない雇用の解約の申入れ）

<u>第627条</u>　当事者が雇用の期間を定めなかったときは、各当事者は、いつでも解約の申入れをすることができる。この場合において、雇用は、解約の申入れの日から二週間を経過することによって終了する。

②　期間によって報酬を定めた場合には、使用者からの解約の申入れは、次期以後についてすることができる。ただし、その解約の申入れは、当期の前半にしなければならない。

③　六箇月以上の期間によって報酬を定めた場合には、前項の解約の申入れは、三箇月前にしなければならない。

（やむを得ない事由による雇用の解除）

<u>第628条</u>　当事者が雇用の期間を定めた場合であっても、やむを得ない事由があるときは、各当事者は、直ちに契約の解除をすることができる。この場合において、その事由が当事者の一方の過失によって生じたものであるときは、相手方に対して損害賠償の責任を負う。

（雇用の更新の推定等）

<u>第629条</u>　雇用の期間が満了した後労働者が引き続きその労働に従事する場合において、使用者がこれを知りながら異議を述べないとき✔

は、従前の雇用と同一の条件で更に雇用をしたものと推定する。この場合において、各当事者は、第627条の規定により解約の申入れをすることができる。

②　従前の雇用について当事者が担保を供していたときは、その担保は、期間の満了によって消滅する。ただし、身元保証金については、この限りでない。

（雇用の解除の効力）

<u>第630条</u>　第620条の規定は、雇用について準用する。

（使用者についての破産手続の開始による解約の申入れ）

<u>第631条</u>　使用者が破産手続開始の決定を受けた場合には、雇用に期間の定めがあるときであっても、労働者又は破産管財人は、第627条の規定により解約の申入れをすることができる。この場合において、各当事者は、相手方に対し、解約によって生じた損害の賠償を請求することができない。

第九節　請負

（請負）

<u>第632条</u>　請負は、当事者の一方がある仕事を完成することを約し、相手方がその仕事の結果に対してその報酬を支払うことを約することによって、その効力を生ずる。

（報酬の支払時期）

<u>第633条</u>　報酬は、仕事の目的物の引渡しと同時に、支払わなければならない。ただし、物の引渡しを要しないときは、第624条第1項の規定を準用する。

（注文者が受ける利益の割合に応じた報酬）

第６３４条 次に掲げる場合において、請負人が既にした仕事の結果のうち可分な部分の給付によって注文者が利益を受けるときは、その部分を仕事の完成とみなす。この場合において、請負人は、注文者が受ける利益の割合に応じて報酬を請求することができる。

一 注文者の責めに帰することができない事由によって仕事を完成することができなくなったとき。

二 請負が仕事の完成前に解除されたとき。

第６３５条 削除

（請負人の担保責任の制限）

第６３６条 請負人が種類又は品質に関して契約の内容に適合しない仕事の目的物を注文者に引き渡したとき（その引渡しを要しない場合にあっては、仕事が終了した時に仕事の目的物が種類又は品質に関して契約の内容に適合しないとき）は、注文者は、注文者の供した材料の性質又は注文者の与えた指図によって生じた不適合を理由として、履行の追完の請求、報酬の減額の請求、損害賠償の請求及び契約の解除をすることができない。ただし、請負人がその材料又は指図が不適当であることを知りながら告げなかったときは、この限りでない。

（目的物の種類又は品質に関する担保責任の期間の制限）

第６３７条 前条本文に規定する場合において、注文者がその不適合を知った時から一年以内にその旨を請負人に通知しないときは、注文者は、その不適合を理由として、履行の追完の請求、報酬の減額の請求、損害賠償の請求及び契約の解除をすることができない。

② 前項の規定は、仕事の目的物を注文者に引き渡した時（その引渡しを要しない場合にあっ🖋

ては、仕事が終了した時）において、請負人が同項の不適合を知り、又は重大な過失によって知らなかったときは、適用しない。

第６３８条～第６４０条 削除

（注文者による契約の解除）

第６４１条 請負人が仕事を完成しない間は、注文者は、いつでも損害を賠償して契約の解除をすることができる。

（注文者についての破産手続の開始による解除）

第６４２条 注文者が破産手続開始の決定を受けたときは、請負人又は破産管財人は、契約の解除をすることができる。ただし、請負人による契約の解除については、仕事を完成した後は、この限りでない。

② 前項に規定する場合において、請負人は、既にした仕事の報酬及びその中に含まれていない費用について、破産財団の配当に加入することができる。

③ 第１項の場合には、契約の解除によって生じた損害の賠償は、破産管財人が契約の解除をした場合における請負人に限り、請求することができる。この場合において、請負人は、その損害賠償について、破産財団の配当に加入する。

　　　　　第十節　委任

（委任）

第６４３条 委任は、当事者の一方が法律行為をすることを相手方に委託し、相手方がこれを承諾することによって、その効力を生ずる。

（受任者の注意義務）

第６４４条 受任者は、委任の本旨に従い、善良な管理者の注意をもって、委任事務を処理する義務を負う。

（復受任者の選任等）

第644条の2 受任者は、委任者の許諾を得たとき、又はやむを得ない事由があるときでなければ、復受任者を選任することができない。

② 代理権を付与する委任において、受任者が代理権を有する復受任者を選任したときは、復受任者は、委任者に対して、その権限の範囲内において、受任者と同一の権利を有し、義務を負う。

（受任者による報告）

第645条 受任者は、委任者の請求があるときは、いつでも委任事務の処理の状況を報告し、委任が終了した後は、遅滞なくその経過及び結果を報告しなければならない。

（受任者による受取物の引渡し等）

第646条 受任者は、委任事務を処理するに当たって受け取った金銭その他の物を委任者に引き渡さなければならない。その収取した果実についても、同様とする。

② 受任者は、委任者のために自己の名で取得した権利を委任者に移転しなければならない。

（受任者の金銭の消費についての責任）

第647条 受任者は、委任者に引き渡すべき金額又はその利益のために用いるべき金額を自己のために消費したときは、その消費した日以後の利息を支払わなければならない。この場合において、なお損害があるときは、その賠償の責任を負う。

（受任者の報酬）

第648条 受任者は、特約がなければ、委任者に対して報酬を請求することができない。

② 受任者は、報酬を受けるべき場合には、委任事務を履行した後でなければ、これを請求することができない。ただし、期間によって報酬✍

を定めたときは、第624条第2項の規定を準用する。

③ 受任者は、次に掲げる場合には、既にした履行の割合に応じて報酬を請求することができる。

一 委任者の責めに帰することができない事由によって委任事務の履行をすることができなくなったとき。

二 委任が履行の中途で終了したとき。

（成果等に対する報酬）

第648条の2 委任事務の履行により得られる成果に対して報酬を支払うことを約した場合において、その成果が引渡しを要するときは、報酬は、その成果の引渡しと同時に、支払わなければならない。

② 第634条の規定は、委任事務の履行により得られる成果に対して報酬を支払うことを約した場合について準用する。

（受任者による費用の前払請求）

第649条 委任事務を処理するについて費用を要するときは、委任者は、受任者の請求により、その前払をしなければならない。

（受任者による費用等の償還請求等）

第650条 受任者は、委任事務を処理するのに必要と認められる費用を支出したときは、委任者に対し、その費用及び支出の日以後におけるその利息の償還を請求することができる。

② 受任者は、委任事務を処理するのに必要と認められる債務を負担したときは、委任者に対し、自己に代わってその弁済をすることを請求することができる。この場合において、その債務が弁済期にないときは、委任者に対し、相当の担保を供させることができる。

③ 受任者は、委任事務を処理するため自己に過失なく損害を受けたときは、委任者に対し、その賠償を請求することができる。

（委任の解除）

第651条 委任は、各当事者がいつでもその解除をすることができる。

② 前項の規定により委任の解除をした者は、次に掲げる場合には、相手方の損害を賠償しなければならない。ただし、やむを得ない事由があったときは、この限りでない。

一 相手方に不利な時期に委任を解除したとき。

二 委任者が受任者の利益（専ら報酬を得ることによるものを除く。）をも目的とする委任を解除したとき。

（委任の解除の効力）

第652条 第620条の規定は、委任について準用する。

（委任の終了事由）

第653条 委任は、次に掲げる事由によって終了する。

一 委任者又は受任者の死亡

二 委任者又は受任者が破産手続開始の決定を受けたこと。

三 受任者が後見開始の審判を受けたこと。

（委任の終了後の処分）

第654条 委任が終了した場合において、急迫の事情があるときは、受任者又はその相続人若しくは法定代理人は、委任者又はその相続人若しくは法定代理人が委任事務を処理することができるに至るまで、必要な処分をしなければならない。

（委任の終了の対抗要件）

第655条 委任の終了事由は、これを相手方に通知したとき、又は相手方がこれを知っていたときでなければ、これをもってその相手方に対抗することができない。

（準委任）

第656条 この節の規定は、法律行為でない事務の委託について準用する。

第十一節 寄託

（寄託）

第657条 寄託は、当事者の一方がある物を保管することを相手方に委託し、相手方がこれを承諾することによって、その効力を生ずる。

（寄託物受取り前の寄託者による寄託の解除等）

第657条の2 寄託者は、受寄者が寄託物を受け取るまで、契約の解除をすることができる。この場合において、受寄者は、その契約の解除によって損害を受けたときは、寄託者に対し、その賠償を請求することができる。

② 無報酬の受寄者は、寄託物を受け取るまで、契約の解除をすることができる。ただし、書面による寄託については、この限りでない。

③ 受寄者（無報酬で寄託を受けた場合にあっては、書面による寄託の受寄者に限る。）は、寄託物を受け取るべき時期を経過したにもかかわらず、寄託者が寄託物を引き渡さない場合において、相当の期間を定めてその引渡しの催告をし、その期間内に引渡しがないときは、契約の解除をすることができる。

（寄託物の使用及び第三者による保管）

第658条 受寄者は、寄託者の承諾を得なければ、寄託物を使用することができない。

② 受寄者は、寄託者の承諾を得たとき、又はやむを得ない事由があるときでなければ、寄託物を第三者に保管させることができない。

③ 再受寄者は、寄託者に対して、その権限の範囲内において、受寄者と同一の権利を有し、義務を負う。

（無報酬の受寄者の注意義務）

第659条 無報酬の受寄者は、自己の財産に対するのと同一の注意をもって、寄託物を保管する義務を負う。

（受寄者の通知義務等）

第660条 寄託物について権利を主張する第三者が受寄者に対して訴えを提起し、又は差押え、仮差押え若しくは仮処分をしたときは、受寄者は、遅滞なくその事実を寄託者に通知しなければならない。ただし、寄託者が既にこれを知っているときは、この限りでない。

② 第三者が寄託物について権利を主張する場合であっても、受寄者は、寄託者の指図がない限り、寄託者に対しその寄託物を返還しなければならない。ただし、受寄者が前項の通知をした場合又は同項ただし書の規定によりその通知を要しない場合において、その寄託物をその第三者に引き渡すべき旨を命ずる確定判決（確定判決と同一の効力を有するものを含む。）があったときであって、その第三者にその寄託物を引き渡したときは、この限りでない。

③ 受寄者は、前項の規定により寄託者に対して寄託物を返還しなければならない場合には、寄託者にその寄託物を引き渡したことによって第三者に損害が生じたときであっても、その賠償の責任を負わない。

（寄託者による損害賠償）

第661条 寄託者は、寄託物の性質又は瑕疵によって生じた損害を受寄者に賠償しなければならない。ただし、寄託者が過失なくその性質若しくは瑕疵を知らなかったとき、又は受寄者がこれを知っていたときは、この限りでない。

（寄託者による返還請求等）

第662条 当事者が寄託物の返還の時期を✍

定めたときであっても、寄託者は、いつでもその返還を請求することができる。

② 前項に規定する場合において、受寄者は、寄託者がその時期の前に返還を請求したことによって損害を受けたときは、寄託者に対し、その賠償を請求することができる。

（寄託物の返還の時期）

第663条 当事者が寄託物の返還の時期を定めなかったときは、受寄者は、いつでもその返還をすることができる。

② 返還の時期の定めがあるときは、受寄者は、やむを得ない事由がなければ、その期限前に返還をすることができない。

（寄託物の返還の場所）

第664条 寄託物の返還は、その保管をすべき場所でしなければならない。ただし、受寄者が正当な事由によってその物を保管する場所を変更したときは、その現在の場所で返還をすることができる。

（損害賠償及び費用の償還の請求権についての期間の制限）

第664条の2 寄託物の一部滅失又は損傷によって生じた損害の賠償及び受寄者が支出した費用の償還は、寄託者が返還を受けた時から一年以内に請求しなければならない。

② 前項の損害賠償の請求権については、寄託者が返還を受けた時から一年を経過するまでの間は、時効は、完成しない。

（委任の規定の準用）

第665条 第646条から第648条まで、第649条並びに第650条第1項及び第2項の規定は、寄託について準用する。

（混合寄託）

第665条の2 複数の者が寄託した物の種類及び品質が同一である場合には、受寄者は、各寄託者の承諾を得たときに限り、これらを混合して保管することができる。

② 前項の規定に基づき受寄者が複数の寄託者からの寄託物を混合して保管したときは、寄託者は、その寄託した物と同じ数量の物の返還を請求することができる。

③ 前項に規定する場合において、寄託物の一部が滅失したときは、寄託者は、混合して保管されている総寄託物に対するその寄託した物の割合に応じた数量の物の返還を請求することができる。この場合においては、損害賠償の請求を妨げない。

（消費寄託）

第666条 受寄者が契約により寄託物を消費することができる場合には、受寄者は、寄託された物と種類、品質及び数量の同じ物をもって返還しなければならない。

② 第590条及び第592条の規定は、前項に規定する場合について準用する。

③ 第591条第2項及び第3項の規定は、預金又は貯金に係る契約により金銭を寄託した場合について準用する。

第十二節　組合

（組合契約）

第667条 組合契約は、各当事者が出資をして共同の事業を営むことを約することによって、その効力を生ずる。

② 出資は、労務をその目的とすることができる。

（他の組合員の債務不履行）

第667条の2 第533条及び第536条の規定は、組合契約については、適用しない。

② 組合員は、他の組合員が組合契約に基づく ✎

債務の履行をしないことを理由として、組合契約を解除することができない。

（組合員の一人についての意思表示の無効等）

第667条の3 組合員の一人について意思表示の無効又は取消しの原因があっても、他の組合員の間においては、組合契約は、その効力を妨げられない。

（組合財産の共有）

第668条 各組合員の出資その他の組合財産は、総組合員の共有に属する。

（金銭出資の不履行の責任）

第669条 金銭を出資の目的とした場合において、組合員がその出資をすることを怠ったときは、その利息を支払うほか、損害の賠償をしなければならない。

（業務の決定及び執行の方法）

第670条 組合の業務は、組合員の過半数をもって決定し、各組合員がこれを執行する。

② 組合の業務の決定及び執行は、組合契約の定めるところにより、一人又は数人の組合員又は第三者に委任することができる。

③ 前項の委任を受けた者（以下「業務執行者」という。）は、組合の業務を決定し、これを執行する。この場合において、業務執行者が数人あるときは、組合の業務は、業務執行者の過半数をもって決定し、各業務執行者がこれを執行する。

④ 前項の規定にかかわらず、組合の業務については、総組合員の同意によって決定し、又は総組合員が執行することを妨げない。

⑤ 組合の常務は、前各項の規定にかかわらず、各組合員又は各業務執行者が単独で行うことができる。ただし、その完了前に他の組合員又は業務執行者が異議を述べたときは、この限りでない。

（組合の代理）

第670条の2　各組合員は、組合の業務を執行する場合において、組合員の過半数の同意を得たときは、他の組合員を代理することができる。

②　前項の規定にかかわらず、業務執行者があるときは、業務執行者のみが組合員を代理することができる。この場合において、業務執行者が数人あるときは、各業務執行者は、業務執行者の過半数の同意を得たときに限り、組合員を代理することができる。

③　前2項の規定にかかわらず、各組合員又は各業務執行者は、組合の常務を行うときは、単独で組合員を代理することができる。

（委任の規定の準用）

第671条　第644条から第650条までの規定は、組合の業務を決定し、又は執行する組合員について準用する。

（業務執行組合員の辞任及び解任）

第672条　組合契約の定めるところにより一人又は数人の組合員に業務の決定及び執行を委任したときは、その組合員は、正当な事由がなければ、辞任することができない。

②　前項の組合員は、正当な事由がある場合に限り、他の組合員の一致によって解任することができる。

（組合員の組合の業務及び財産状況に関する検査）

第673条　各組合員は、組合の業務の決定及び執行をする権利を有しないときであっても、その業務及び組合財産の状況を検査することができる。

（組合員の損益分配の割合）

第674条　当事者が損益分配の割合を定め↩

なかったときは、その割合は、各組合員の出資の価額に応じて定める。

②　利益又は損失についてのみ分配の割合を定めたときは、その割合は、利益及び損失に共通であるものと推定する。

（組合の債権者の権利の行使）

第675条　組合の債権者は、組合財産についてその権利を行使することができる。

②　組合の債権者は、その選択に従い、各組合員に対して損失分担の割合又は等しい割合でその権利を行使することができる。ただし、組合の債権者がその債権の発生の時に各組合員の損失分担の割合を知っていたときは、その割合による。

（組合員の持分の処分及び組合財産の分割）

第676条　組合員は、組合財産についてその持分を処分したときは、その処分をもって組合及び組合と取引をした第三者に対抗することができない。

②　組合員は、組合財産である債権について、その持分についての権利を単独で行使することができない。

③　組合員は、清算前に組合財産の分割を求めることができない。

（組合財産に対する組合員の債権者の権利の行使の禁止）

第677条　組合員の債権者は、組合財産についてその権利を行使することができない。

（組合員の加入）

第677条の2　組合員は、その全員の同意によって、又は組合契約の定めるところにより、新たに組合員を加入させることができる。

②　前項の規定により組合の成立後に加入した組合員は、その加入前に生じた組合の債務については、これを弁済する責任を負わない。

（組合員の脱退）

第678条 組合契約で組合の存続期間を定めなかったとき、又はある組合員の終身の間組合が存続すべきことを定めたときは、各組合員は、いつでも脱退することができる。ただし、やむを得ない事由がある場合を除き、組合に不利な時期に脱退することができない。

② 組合の存続期間を定めた場合であっても、各組合員は、やむを得ない事由があるときは、脱退することができる。

第679条 前条の場合のほか、組合員は、次に掲げる事由によって脱退する。

一 死亡

二 破産手続開始の決定を受けたこと。

三 後見開始の審判を受けたこと。

四 除名

（組合員の除名）

第680条 組合員の除名は、正当な事由がある場合に限り、他の組合員の一致によってすることができる。ただし、除名した組合員にその旨を通知しなければ、これをもってその組合員に対抗することができない。

（脱退した組合員の責任等）

第680条の2 脱退した組合員は、その脱退前に生じた組合の債務について、従前の責任の範囲内でこれを弁済する責任を負う。この場合において、債権者が全部の弁済を受けない間は、脱退した組合員は、組合に担保を供させ、又は組合に対して自己に免責を得させることを請求することができる。

② 脱退した組合員は、前項に規定する組合の債務を弁済したときは、組合に対して求償権を有する。

（脱退した組合員の持分の払戻し）

第681条 脱退した組合員と他の組合員との間の計算は、脱退の時における組合財産の状況に従ってしなければならない。

② 脱退した組合員の持分は、その出資の種類を問わず、金銭で払い戻すことができる。

③ 脱退の時にまだ完了していない事項については、その完了後に計算をすることができる。

（組合の解散事由）

第682条 組合は、次に掲げる事由によって解散する。

一 組合の目的である事業の成功又はその成功の不能

二 組合契約で定めた存続期間の満了

三 組合契約で定めた解散の事由の発生

四 総組合員の同意

（組合の解散の請求）

第683条 やむを得ない事由があるときは、各組合員は、組合の解散を請求することができる。

（組合契約の解除の効力）

第684条 第620条の規定は、組合契約について準用する。

（組合の清算及び清算人の選任）

第685条 組合が解散したときは、清算は、総組合員が共同して、又はその選任した清算人がこれをする。

② 清算人の選任は、組合員の過半数で決する。

（清算人の業務の決定及び執行の方法）

第686条 第670条第3項から第5項まで並びに第670条の2第2項及び第3項の規定は、清算人について準用する。

（組合員である清算人の辞任及び解任）

第687条 第672条の規定は、組合契約の定めるところにより組合員の中から清算人を選任した場合について準用する。

（清算人の職務及び権限並びに残余財産の分割方法）

第688条 清算人の職務は、次のとおりとする。

一 現務の結了

二 債権の取立て及び債務の弁済

三 残余財産の引渡し

② 清算人は、前項各号に掲げる職務を行うために必要な一切の行為をすることができる。

③ 残余財産は、各組合員の出資の価額に応じて分割する。

第十三節 終身定期金

（終身定期金契約）

第689条 終身定期金契約は、当事者の一方が、自己、相手方又は第三者の死亡に至るまで、定期に金銭その他の物を相手方又は第三者に給付することを約することによって、その効力を生ずる。

（終身定期金の計算）

第690条 終身定期金は、日割りで計算する。

（終身定期金契約の解除）

第691条 終身定期金債務者が終身定期金の元本を受領した場合において、その終身定期金の給付を怠り、又はその他の義務を履行しないときは、相手方は、元本の返還を請求することができる。この場合において、相手方は、既に受け取った終身定期金の中からその元本の利息を控除した残額を終身定期金債務者に返還しなければならない。

② 前項の規定は、損害賠償の請求を妨げない。

（終身定期金契約の解除と同時履行）

第692条 第533条の規定は、前条の場合について準用する。

（終身定期金債権の存続の宣告）

第693条 終身定期金債務者の責めに帰すべき事由によって第689条に規定する死亡が生じたときは、裁判所は、終身定期金債権者又はその相続人の請求により、終身定期金債権が相当の期間存続することを宣告することができる。

② 前項の規定は、第691条の権利の行使を妨げない。

（終身定期金の遺贈）

第694条 この節の規定は、終身定期金の遺贈について準用する。

第十四節 和解

（和解）

第695条 和解は、当事者が互いに譲歩をしてその間に存する争いをやめることを約することによって、その効力を生ずる。

（和解の効力）

第696条 当事者の一方が和解によって争いの目的である権利を有するものと認められ、又は相手方がこれを有しないものと認められた場合において、その当事者の一方が従来その権利を有していなかった旨の確証又は相手方がこれを有していた旨の確証が得られたときは、その権利は、和解によってその当事者の一方に移転し、又は消滅したものとする。

第三章 事務管理

（事務管理）

第697条 義務なく他人のために事務の管理を始めた者（以下この章において「管理者」

という。）は、その事務の性質に従い、最も本人の利益に適合する方法によって、その事務の管理（以下「事務管理」という。）をしなければならない。

② 管理者は、本人の意思を知っているとき、又はこれを推知することができるときは、その意思に従って事務管理をしなければならない。

（緊急事務管理）
第６９８条 管理者は、本人の身体、名誉又は財産に対する急迫の危害を免れさせるために事務管理をしたときは、悪意又は重大な過失があるのでなければ、これによって生じた損害を賠償する責任を負わない。

（管理者の通知義務）
第６９９条 管理者は、事務管理を始めたことを遅滞なく本人に通知しなければならない。ただし、本人が既にこれを知っているときは、この限りでない。

（管理者による事務管理の継続）
第７００条 管理者は、本人又はその相続人若しくは法定代理人が管理をすることができるに至るまで、事務管理を継続しなければならない。ただし、事務管理の継続が本人の意思に反し、又は本人に不利であることが明らかであるときは、この限りでない。

（委任の規定の準用）
第７０１条 第６４５条から第６４７条までの規定は、事務管理について準用する。

（管理者による費用の償還請求等）
第７０２条 管理者は、本人のために有益な費用を支出したときは、本人に対し、その償還を請求することができる。↙

② 第６５０条第２項の規定は、管理者が本人のために有益な債務を負担した場合について準用する。

③ 管理者が本人の意思に反して事務管理をしたときは、本人が現に利益を受けている限度においてのみ、前２項の規定を適用する。

第四章　不当利得

（不当利得の返還義務）
第７０３条 法律上の原因なく他人の財産又は労務によって利益を受け、そのために他人に損失を及ぼした者（以下この章において「受益者」という。）は、その利益の存する限度において、これを返還する義務を負う。

（悪意の受益者の返還義務等）
第７０４条 悪意の受益者は、その受けた利益に利息を付して返還しなければならない。この場合において、なお損害があるときは、その賠償の責任を負う。

（債務の不存在を知ってした弁済）
第７０５条 債務の弁済として給付をした者は、その時において債務の存在しないことを知っていたときは、その給付したものの返還を請求することができない。

（期限前の弁済）
第７０６条 債務者は、弁済期にない債務の弁済として給付をしたときは、その給付したものの返還を請求することができない。ただし、債務者が錯誤によってその給付をしたときは、債権者は、これによって得た利益を返還しなければならない。

（他人の債務の弁済）
第７０７条 債務者でない者が錯誤によって↙

債務の弁済をした場合において、債権者が善意で証書を滅失させ若しくは損傷し、担保を放棄し、又は時効によってその債権を失ったときは、その弁済をした者は、返還の請求をすることができない。

② 前項の規定は、弁済をした者から債務者に対する求償権の行使を妨げない。

（不法原因給付）

第７０８条 不法な原因のために給付をした者は、その給付したものの返還を請求することができない。ただし、不法な原因が受益者についてのみ存したときは、この限りでない。

第五章　不法行為

（不法行為による損害賠償）

第７０９条 故意又は過失によって他人の権利又は法律上保護される利益を侵害した者は、これによって生じた損害を賠償する責任を負う。

（財産以外の損害の賠償）

第７１０条 他人の身体、自由若しくは名誉を侵害した場合又は他人の財産権を侵害した場合のいずれであるかを問わず、前条の規定により損害賠償の責任を負う者は、財産以外の損害に対しても、その賠償をしなければならない。

（近親者に対する損害の賠償）

第７１１条 他人の生命を侵害した者は、被害者の父母、配偶者及び子に対しては、その財産権が侵害されなかった場合においても、損害の賠償をしなければならない。

（責任能力）

第７１２条 未成年者は、他人に損害を加えた場合において、自己の行為の責任を弁識するに足りる知能を備えていなかったときは、その行為について賠償の責任を負わない。

第７１３条 精神上の障害により自己の行為の責任を弁識する能力を欠く状態にある間に他人に損害を加えた者は、その賠償の責任を負わない。ただし、故意又は過失によって一時的にその状態を招いたときは、この限りでない。

（責任無能力者の監督義務者等の責任）

第７１４条 前２条の規定により責任無能力者がその責任を負わない場合において、その責任無能力者を監督する法定の義務を負う者は、その責任無能力者が第三者に加えた損害を賠償する責任を負う。ただし、監督義務者がその義務を怠らなかったとき、又はその義務を怠らなくても損害が生ずべきであったときは、この限りでない。

② 監督義務者に代わって責任無能力者を監督する者も、前項の責任を負う。

（使用者等の責任）

第７１５条 ある事業のために他人を使用する者は、被用者がその事業の執行について第三者に加えた損害を賠償する責任を負う。ただし、使用者が被用者の選任及びその事業の監督について相当の注意をしたとき、又は相当の注意をしても損害が生ずべきであったときは、この限りでない。

② 使用者に代わって事業を監督する者も、前項の責任を負う。

③ 前２項の規定は、使用者又は監督者から被用者に対する求償権の行使を妨げない。

（注文者の責任）

第７１６条 注文者は、請負人がその仕事について第三者に加えた損害を賠償する責任を負わない。ただし、注文又は指図についてその注文者に過失があったときは、この限りでない。

（土地の工作物等の占有者及び所有者の責任）

第７１７条 土地の工作物の設置又は保存に瑕疵があることによって他人に損害を生じたときは、その工作物の占有者は、被害者に対してその損害を賠償する責任を負う。ただし、占有者が損害の発生を防止するのに必要な注意をしたときは、所有者がその損害を賠償しなければならない。

② 前項の規定は、竹木の栽植又は支持に瑕疵がある場合について準用する。

③ 前２項の場合において、損害の原因について他にその責任を負う者があるときは、占有者又は所有者は、その者に対して求償権を行使することができる。

（動物の占有者等の責任）

第７１８条 動物の占有者は、その動物が他人に加えた損害を賠償する責任を負う。ただし、動物の種類及び性質に従い相当の注意をもってその管理をしたときは、この限りでない。

② 占有者に代わって動物を管理する者も、前項の責任を負う。

（共同不法行為者の責任）

第７１９条 数人が共同の不法行為によって他人に損害を加えたときは、各自が連帯してその損害を賠償する責任を負う。共同行為者のうちいずれの者がその損害を加えたかを知ることができないときも、同様とする。

② 行為者を教唆した者及び幇助した者は、共同行為者とみなして、前項の規定を適用する。

（正当防衛及び緊急避難）

第７２０条 他人の不法行為に対し、自己又は第三者の権利又は法律上保護される利益を防衛するため、やむを得ず加害行為をした者は、損害賠償の責任を負わない。ただし、被害者から不法行為をした者に対する損害賠償の請求を

妨げない。

② 前項の規定は、他人の物から生じた急迫の危難を避けるためその物を損傷した場合について準用する。

（損害賠償請求権に関する胎児の権利能力）

第７２１条 胎児は、損害賠償の請求権については、既に生まれたものとみなす。

（損害賠償の方法、中間利息の控除及び過失相殺）

第７２２条 第４１７条及び第４１７条の２の規定は、不法行為による損害賠償について準用する。

② 被害者に過失があったときは、裁判所は、これを考慮して、損害賠償の額を定めることができる。

（名誉毀損における原状回復）

第７２３条 他人の名誉を毀損した者に対しては、裁判所は、被害者の請求により、損害賠償に代えて、又は損害賠償とともに、名誉を回復するのに適当な処分を命ずることができる。

（不法行為による損害賠償請求権の消滅時効）

第７２４条 不法行為による損害賠償の請求権は、次に掲げる場合には、時効によって消滅する。

一 被害者又はその法定代理人が損害及び加害者を知った時から三年間行使しないとき。

二 不法行為の時から二十年間行使しないとき。

（人の生命又は身体を害する不法行為による損害賠償請求権の消滅時効）

第７２４条の２ 人の生命又は身体を害する不法行為による損害賠償請求権の消滅時効についての前条第一号の規定の適用については、同号中「三年間」とあるのは、「五年間」とする。

57

第四編　親族

第一章　総則

（親族の範囲）

第725条　次に掲げる者は、親族とする。

一　六親等内の血族

二　配偶者

三　三親等内の姻族

（親等の計算）

第726条　親等は、親族間の世代数を数えて、これを定める。

②　傍系親族の親等を定めるには、その一人又はその配偶者から同一の祖先にさかのぼり、その祖先から他の一人に下るまでの世代数による。

（縁組による親族関係の発生）

第727条　養子と養親及びその血族との間においては、養子縁組の日から、血族間におけるのと同一の親族関係を生ずる。

（離婚等による姻族関係の終了）

第728条　姻族関係は、離婚によって終了する。

②　夫婦の一方が死亡した場合において、生存配偶者が姻族関係を終了させる意思を表示したときも、前項と同様とする。

（離縁による親族関係の終了）

第729条　養子及びその配偶者並びに養子の直系卑属及びその配偶者と養親及びその血族との親族関係は、離縁によって終了する。

（親族間の扶け合い）

第730条　直系血族及び同居の親族は、互いに扶け合わなければならない。

第二章　婚姻

第一節　婚姻の成立

第一款　婚姻の要件

（婚姻適齢）

第731条　婚姻は、十八歳にならなければ、することができない。

（重婚の禁止）

第732条　配偶者のある者は、重ねて婚姻をすることができない。

第733条　削除

（近親者間の婚姻の禁止）

第734条　直系血族又は三親等内の傍系血族の間では、婚姻をすることができない。ただし、養子と養方の傍系血族との間では、この限りでない。

②　第817条の9の規定により親族関係が終了した後も、前項と同様とする。

（直系姻族間の婚姻の禁止）

第735条　直系姻族の間では、婚姻をすることができない。第728条又は第817条の9の規定により姻族関係が終了した後も、同様とする。

（養親子等の間の婚姻の禁止）

第736条　養子若しくはその配偶者又は養子の直系卑属若しくはその配偶者と養親又はその直系尊属との間では、第729条の規定により親族関係が終了した後でも、婚姻をすることができない。

第737条　削除

（成年被後見人の婚姻）

第738条　成年被後見人が婚姻をするには、その成年後見人の同意を要しない。

（婚姻の届出）

第７３９条 婚姻は、戸籍法（昭和二十二年法律第二百二十四号）の定めるところにより届け出ることによって、その効力を生ずる。

② 前項の届出は、当事者双方及び成年の証人二人以上が署名した書面で、又はこれらの者から口頭で、しなければならない。

（婚姻の届出の受理）

第７４０条 婚姻の届出は、その婚姻が第７３１条、第７３２条、第７３４条から第７３６条まで及び前条第２項の規定その他の法令の規定に違反しないことを認めた後でなければ、受理することができない。

（外国に在る日本人間の婚姻の方式）

第７４１条 外国に在る日本人間で婚姻をしようとするときは、その国に駐在する日本の大使、公使又は領事にその届出をすることができる。この場合においては、前２条の規定を準用する。

　　　　第二款　婚姻の無効及び取消し

（婚姻の無効）

第７４２条 婚姻は、次に掲げる場合に限り、無効とする。

一　人違いその他の事由によって当事者間に婚姻をする意思がないとき。

二　当事者が婚姻の届出をしないとき。ただし、その届出が第７３９条第２項に定める方式を欠くだけであるときは、婚姻は、そのためにその効力を妨げられない。

（婚姻の取消し）

第７４３条 婚姻は、次条、第７４５条及び第７４７条の規定によらなければ、取り消すことができない。

（不適法な婚姻の取消し）

第７４４条 第７３１条、第７３２条及び第７３４条から第７３６条までの規定に違反した婚姻は、各当事者、その親族又は検察官から、その取消しを家庭裁判所に請求することができる。ただし、検察官は、当事者の一方が死亡した後は、これを請求することができない。

② 第７３２条の規定に違反した婚姻については、前婚の配偶者も、その取消しを請求することができる。

（不適齢者の婚姻の取消し）

第７４５条 第７３１条の規定に違反した婚姻は、不適齢者が適齢に達したときは、その取消しを請求することができない。

② 不適齢者は、適齢に達した後、なお三箇月間は、その婚姻の取消しを請求することができる。ただし、適齢に達した後に追認をしたときは、この限りでない。

第７４６条　削除

（詐欺又は強迫による婚姻の取消し）

第７４７条 詐欺又は強迫によって婚姻をした者は、その婚姻の取消しを家庭裁判所に請求することができる。

② 前項の規定による取消権は、当事者が、詐欺を発見し、若しくは強迫を免れた後三箇月を経過し、又は追認をしたときは、消滅する。

（婚姻の取消しの効力）

第７４８条 婚姻の取消しは、将来に向かってのみその効力を生ずる。

② 婚姻の時においてその取消しの原因があることを知らなかった当事者が、婚姻によって財産を得たときは、現に利益を受けている限度において、その返還をしなければならない。✒

③　婚姻の時においてその取消しの原因があることを知っていた当事者は、婚姻によって得た利益の全部を返還しなければならない。この場合において、相手方が善意であったときは、これに対して損害を賠償する責任を負う。

（離婚の規定の準用）

第749条　第728条第1項、第766条から第769条まで、第790条第1項ただし書並びに第819条第2項、第3項、第5項及び第6項の規定は、婚姻の取消しについて準用する。

第二節　婚姻の効力

（夫婦の氏）

第750条　夫婦は、婚姻の際に定めるところに従い、夫又は妻の氏を称する。

（生存配偶者の復氏等）

第751条　夫婦の一方が死亡したときは、生存配偶者は、婚姻前の氏に復することができる。

②　第769条の規定は、前項及び第728条第2項の場合について準用する。

（同居、協力及び扶助の義務）

第752条　夫婦は同居し、互いに協力し扶助しなければならない。

第753条　削除

（夫婦間の契約の取消権）

第754条　夫婦間でした契約は、婚姻中、いつでも、夫婦の一方からこれを取り消すことができる。ただし、第三者の権利を害することはできない。

第三節　夫婦財産制

第一款　総則

（夫婦の財産関係）

第755条　夫婦が、婚姻の届出前に、その財産について別段の契約をしなかったときは、その財産関係は、次款に定めるところによる。

（夫婦財産契約の対抗要件）

第756条　夫婦が法定財産制と異なる契約をしたときは、婚姻の届出までにその登記をしなければ、これを夫婦の承継人及び第三者に対抗することができない。

第757条　削除

（夫婦の財産関係の変更の制限等）

第758条　夫婦の財産関係は、婚姻の届出後は、変更することができない。

②　夫婦の一方が、他の一方の財産を管理する場合において、管理が失当であったことによってその財産を危うくしたときは、他の一方は、自らその管理をすることを家庭裁判所に請求することができる。

③　共有財産については、前項の請求とともに、その分割を請求することができる。

（財産の管理者の変更及び共有財産の分割の対抗要件）

第759条　前条の規定又は第755条の契約の結果により、財産の管理者を変更し、又は共有財産の分割をしたときは、その登記をしなければ、これを夫婦の承継人及び第三者に対抗することができない。

第二款　法定財産制

（婚姻費用の分担）

第760条　夫婦は、その資産、収入その他一切の事情を考慮して、婚姻から生ずる費用を分担する。

（日常の家事に関する債務の連帯責任）

第７６１条　夫婦の一方が日常の家事に関して第三者と法律行為をしたときは、他の一方は、これによって生じた債務について、連帯してその責任を負う。ただし、第三者に対し責任を負わない旨を予告した場合は、この限りでない。

（夫婦間における財産の帰属）

第７６２条　夫婦の一方が婚姻前から有する財産及び婚姻中自己の名で得た財産は、その特有財産（夫婦の一方が単独で有する財産をいう。）とする。

②　夫婦のいずれに属するか明らかでない財産は、その共有に属するものと推定する。

第四節　離婚
第一款　協議上の離婚

（協議上の離婚）

第７６３条　夫婦は、その協議で、離婚をすることができる。

（婚姻の規定の準用）

第７６４条　第７３８条、第７３９条及び第７４７条の規定は、協議上の離婚について準用する。

（離婚の届出の受理）

第７６５条　離婚の届出は、その離婚が前条において準用する第７３９条第２項の規定及び第８１９条第１項の規定その他の法令の規定に違反しないことを認めた後でなければ、受理することができない。

②　離婚の届出が前項の規定に違反して受理されたときであっても、離婚は、そのためにその効力を妨げられない。

（離婚後の子の監護に関する事項の定め等）

第７６６条　父母が協議上の離婚をするとき♂

は、子の監護をすべき者、父又は母と子との面会及びその他の交流、子の監護に要する費用の分担その他の子の監護について必要な事項は、その協議で定める。この場合においては、子の利益を最も優先して考慮しなければならない。

②　前項の協議が調わないとき、又は協議をすることができないときは、家庭裁判所が、同項の事項を定める。

③　家庭裁判所は、必要があると認めるときは、前２項の規定による定めを変更し、その他子の監護について相当な処分を命ずることができる。

④　前３項の規定によっては、監護の範囲外では、父母の権利義務に変更を生じない。

（離婚による復氏等）

第７６７条　婚姻によって氏を改めた夫又は妻は、協議上の離婚によって婚姻前の氏に復する。

②　前項の規定により婚姻前の氏に復した夫又は妻は、離婚の日から三箇月以内に戸籍法の定めるところにより届け出ることによって、離婚の際に称していた氏を称することができる。

（財産分与）

第７６８条　協議上の離婚をした者の一方は、相手方に対して財産の分与を請求することができる。

②　前項の規定による財産の分与について、当事者間に協議が調わないとき、又は協議をすることができないときは、当事者は、家庭裁判所に対して協議に代わる処分を請求することができる。ただし、離婚の時から二年を経過したときは、この限りでない。

③　前項の場合には、家庭裁判所は、当事者双方がその協力によって得た財産の額その他一切の事情を考慮して、分与をさせるべきかどうか並びに分与の額及び方法を定める。

（離婚による復氏の際の権利の承継）

第７６９条　婚姻によって氏を改めた夫又は妻が、第８９７条第１項の権利を承継した後、協議上の離婚をしたときは、当事者その他の関係人の協議で、その権利を承継すべき者を定めなければならない。

②　前項の協議が調わないとき、又は協議をすることができないときは、同項の権利を承継すべき者は、家庭裁判所がこれを定める。

第二款　裁判上の離婚

（裁判上の離婚）

第７７０条　夫婦の一方は、次に掲げる場合に限り、離婚の訴えを提起することができる。

一　配偶者に不貞な行為があったとき。

二　配偶者から悪意で遺棄されたとき。

三　配偶者の生死が三年以上明らかでないとき。

四　配偶者が強度の精神病にかかり、回復の見込みがないとき。

五　その他婚姻を継続し難い重大な事由があるとき。

②　裁判所は、前項第一号から第四号までに掲げる事由がある場合であっても、一切の事情を考慮して婚姻の継続を相当と認めるときは、離婚の請求を棄却することができる。

（協議上の離婚の規定の準用）

第７７１条　第７６６条から第７６９条までの規定は、裁判上の離婚について準用する。

第三章　親子

第一節　実子

（嫡出の推定）

第７７２条　妻が婚姻中に懐胎した子は、当該婚姻における夫の子と推定する。女が婚姻前に懐胎した子であって、婚姻が成立した後に生まれたものも、同様とする。✒

②　前項の場合において、婚姻の成立の日から二百日以内に生まれた子は、婚姻前に懐胎したものと推定し、婚姻の成立の日から二百日を経過した後又は婚姻の解消若しくは取消しの日から三百日以内に生まれた子は、婚姻中に懐胎したものと推定する。

③　第１項の場合において、女が子を懐胎した時から子の出生の時までの間に二以上の婚姻をしていたときは、その子は、その出生の直近の婚姻における夫の子と推定する。

④　前３項の規定により父が定められた子について、第７７４条の規定によりその父の嫡出であることが否認された場合における前項の規定の適用については、同項中「直近の婚姻」とあるのは、「直近の婚姻（第７７４条の規定により子がその嫡出であることが否認された夫との間の婚姻を除く。）」とする。

（父を定めることを目的とする訴え）

第７７３条　第７３２条の規定に違反して婚姻をした女が出産した場合において、前条の規定によりその子の父を定めることができないときは、裁判所が、これを定める。

（嫡出の否認）

第７７４条　第７７２条の規定により子の父が定められる場合において、父又は子は、子が嫡出であることを否認することができる。

②　前項の規定による子の否認権は、親権を行う母、親権を行う養親又は未成年後見人が、子のために行使することができる。

③　第１項に規定する場合において、母は、子が嫡出であることを否認することができる。ただし、その否認権の行使が子の利益を害することが明らかなときは、この限りでない。

④　第７７２条第３項の規定により子の父が定められる場合において、子の懐胎の時から出生の時までの間に母と婚姻していた者であって、✒

子の父以外のもの（以下「前夫」という。）は、子が嫡出であることを否認することができる。ただし、その否認権の行使が子の利益を害することが明らかなときは、この限りでない。

⑤　前項の規定による否認権を行使し、第７７２条第４項の規定により読み替えられた同条第３項の規定により新たに子の父と定められた者は、第１項の規定にかかわらず、子が自らの嫡出であることを否認することができない。

（嫡出否認の訴え）

第７７５条　次の各号に掲げる否認権は、それぞれ当該各号に定める者に対する嫡出否認の訴えによって行う。

一　父の否認権　　子又は親権を行う母

二　子の否認権　　父

三　母の否認権　　父

四　前夫の否認権　父及び子又は親権を行う母

②　前項第一号又は第四号に掲げる否認権を親権を行う母に対し行使しようとする場合において、親権を行う母がないときは、家庭裁判所は、特別代理人を選任しなければならない。

（嫡出の承認）

第７７６条　父又は母は、子の出生後において、その嫡出であることを承認したときは、それぞれその否認権を失う。

（嫡出否認の訴えの出訴期間）

第７７７条　次の各号に掲げる否認権の行使に係る嫡出否認の訴えは、それぞれ当該各号に定める時から三年以内に提起しなければならない。

一　父の否認権　　父が子の出生を知った時

二　子の否認権　　その出生の時

三　母の否認権　　子の出生の時

四　前夫の否認権　前夫が子の出生を知った時

第７７８条　第７７２条第３項の規定により父が定められた子について第７７４条の規定により嫡出であることが否認されたときは、次の各号に掲げる否認権の行使に係る嫡出否認の訴えは、前条の規定にかかわらず、それぞれ当該各号に定める時から一年以内に提起しなければならない。

一　第７７２条第４項の規定により読み替えられた同条第３項の規定により新たに子の父と定められた者の否認権　新たに子の父と定められた者が当該子に係る嫡出否認の裁判が確定したことを知った時

二　子の否認権　子が前号の裁判が確定したことを知った時

三　母の否認権　母が第一号の裁判が確定したことを知った時

四　前夫の否認権　前夫が第一号の裁判が確定したことを知った時

第７７８条の２　第７７７条（第二号に係る部分に限る。）又は前条（第二号に係る部分に限る。）の期間の満了前六箇月以内の間に親権を行う母、親権を行う養親及び未成年後見人がないときは、子は、母若しくは養親の親権停止の期間が満了し、親権喪失若しくは親権停止の審判の取消しの審判が確定し、若しくは親権が回復された時、新たに養子縁組が成立した時又は未成年後見人が就職した時から六箇月を経過するまでの間は、嫡出否認の訴えを提起することができる。

②　子は、その父と継続して同居した期間（当該期間が二以上あるときは、そのうち最も長い期間）が三年を下回るときは、第７７７条（第二号に係る部分に限る。）及び前条（第二号に係る部分に限る。）の規定にかかわらず、二十一歳に達するまでの間、嫡出否認の訴えを提起することができる。ただし、子の否認権の行使が父による養育の状況に照らして父の利益を著しく害するときは、この限りでない。↵

③ 第774条第2項の規定は、前項の場合には、適用しない。

④ 第777条（第四号に係る部分に限る。）及び前条（第四号に係る部分に限る。）に掲げる否認権の行使に係る嫡出否認の訴えは、子が成年に達した後は、提起することができない。

（子の監護に要した費用の償還の制限）

第778条の3 第774条の規定により嫡出であることが否認された場合であっても、子は、父であった者が支出した子の監護に要した費用を償還する義務を負わない。

（相続の開始後に新たに子と推定された者の価額の支払請求権）

第778条の4 相続の開始後、第774条の規定により否認権が行使され、第772条第4項の規定により読み替えられた同条第3項の規定により新たに被相続人がその父と定められた者が相続人として遺産の分割を請求しようとする場合において、他の共同相続人が既にその分割その他の処分をしていたときは、当該相続人の遺産分割の請求は、価額のみによる支払の請求により行うものとする。

（認知）

第779条 嫡出でない子は、その父又は母がこれを認知することができる。

（認知能力）

第780条 認知をするには、父又は母が未成年者又は成年被後見人であるときであっても、その法定代理人の同意を要しない。

（認知の方式）

第781条 認知は、戸籍法の定めるところにより届け出ることによってする。

② 認知は、遺言によっても、することができる。

（成年の子の認知）

第782条 成年の子は、その承諾がなければ、これを認知することができない。

（胎児又は死亡した子の認知）

第783条 父は、胎内に在る子でも、認知することができる。この場合においては、母の承諾を得なければならない。

② 前項の子が出生した場合において、第772条の規定によりその子の父が定められるときは、同項の規定による認知は、その効力を生じない。

③ 父又は母は、死亡した子でも、その直系卑属があるときに限り、認知することができる。この場合において、その直系卑属が成年者であるときは、その承諾を得なければならない。

（認知の効力）

第784条 認知は、出生の時にさかのぼってその効力を生ずる。ただし、第三者が既に取得した権利を害することはできない。

（認知の取消しの禁止）

第785条 認知をした父又は母は、その認知を取り消すことができない。

（認知の無効の訴え）

第786条 次の各号に掲げる者は、それぞれ当該各号に定める時（第783条第1項の規定による認知がされた場合にあっては、子の出生の時）から七年以内に限り、認知について反対の事実があることを理由として、認知の無効の訴えを提起することができる。ただし、第三号に掲げる者について、その認知の無効の主張が子の利益を害することが明らかなときは、この限りでない。

一 子又はその法定代理人
　子又はその法定代理人が認知を知った時

二 認知をした者　認知の時 ↗

三　子の母　　子の母が認知を知った時

②　子は、その子を認知した者と認知後に継続して同居した期間（当該期間が二以上あるときは、そのうち最も長い期間）が三年を下回るときは、前項（第一号に係る部分に限る。）の規定にかかわらず、二十一歳に達するまでの間、認知の無効の訴えを提起することができる。ただし、子による認知の無効の主張が認知をした者による養育の状況に照らして認知をした者の利益を著しく害するときは、この限りでない。

③　前項の規定は、同項に規定する子の法定代理人が第１項の認知の無効の訴えを提起する場合には、適用しない。

④　第１項及び第２項の規定により認知が無効とされた場合であっても、子は、認知をした者が支出した子の監護に要した費用を償還する義務を負わない。

（認知の訴え）

第７８７条　子、その直系卑属又はこれらの者の法定代理人は、認知の訴えを提起することができる。ただし、父又は母の死亡の日から三年を経過したときは、この限りでない。

（認知後の子の監護に関する事項の定め等）

第７８８条　第７６６条の規定は、父が認知する場合について準用する。

（準正）

第７８９条　父が認知した子は、その父母の婚姻によって嫡出子の身分を取得する。

②　婚姻中父母が認知した子は、その認知の時から、嫡出子の身分を取得する。

③　前２項の規定は、子が既に死亡していた場合について準用する。

（子の氏）

第７９０条　嫡出である子は、父母の氏を

称する。ただし、子の出生前に父母が離婚したときは、離婚の際における父母の氏を称する。

②　嫡出でない子は、母の氏を称する。

（子の氏の変更）

第７９１条　子が父又は母と氏を異にする場合には、子は、家庭裁判所の許可を得て、戸籍法の定めるところにより届け出ることによって、その父又は母の氏を称することができる。

②　父又は母が氏を改めたことにより子が父母と氏を異にする場合には、子は、父母の婚姻中に限り、前項の許可を得ないで、戸籍法の定めるところにより届け出ることによって、その父母の氏を称することができる。

③　子が十五歳未満であるときは、その法定代理人が、これに代わって、前２項の行為をすることができる。

④　前３項の規定により氏を改めた未成年の子は、成年に達した時から一年以内に戸籍法の定めるところにより届け出ることによって、従前の氏に復することができる。

第二節　養子
第一款　縁組の要件

（養親となる者の年齢）

第７９２条　二十歳に達した者は、養子をすることができる。

（尊属又は年長者を養子とすることの禁止）

第７９３条　尊属又は年長者は、これを養子とすることができない。

（後見人が被後見人を養子とする縁組）

第７９４条　後見人が被後見人（未成年被後見人及び成年被後見人をいう。以下同じ。）を養子とするには、家庭裁判所の許可を得なければならない。後見人の任務が終了した後、まだその管理の計算が終わらない間も、同様とする。

65

（配偶者のある者が未成年者を養子とする縁組）

第７９５条　配偶者のある者が未成年者を養子とするには、配偶者とともにしなければならない。ただし、配偶者の嫡出である子を養子とする場合又は配偶者がその意思を表示することができない場合は、この限りでない。

（配偶者のある者の縁組）

第７９６条　配偶者のある者が縁組をするには、その配偶者の同意を得なければならない。ただし、配偶者とともに縁組をする場合又は配偶者がその意思を表示することができない場合は、この限りでない。

（十五歳未満の者を養子とする縁組）

第７９７条　養子となる者が十五歳未満であるときは、その法定代理人が、これに代わって、縁組の承諾をすることができる。

②　法定代理人が前項の承諾をするには、養子となる者の父母でその監護をすべき者であるものが他にあるときは、その同意を得なければならない。養子となる者の父母で親権を停止されているものがあるときも、同様とする。

（未成年者を養子とする縁組）

第７９８条　未成年者を養子とするには、家庭裁判所の許可を得なければならない。ただし、自己又は配偶者の直系卑属を養子とする場合は、この限りでない。

（婚姻の規定の準用）

第７９９条　第７３８条及び第７３９条の規定は、縁組について準用する。

（縁組の届出の受理）

第８００条　縁組の届出は、その縁組が第７９２ ↙

条から前条までの規定その他の法令の規定に違反しないことを認めた後でなければ、受理することができない。

（外国に在る日本人間の縁組の方式）

第８０１条　外国に在る日本人間で縁組をしようとするときは、その国に駐在する日本の大使、公使又は領事にその届出をすることができる。この場合においては、第７９９条において準用する第７３９条の規定及び前条の規定を準用する。

第二款　縁組の無効及び取消し

（縁組の無効）

第８０２条　縁組は、次に掲げる場合に限り、無効とする。

一　人違いその他の事由によって当事者間に縁組をする意思がないとき。

二　当事者が縁組の届出をしないとき。ただし、その届出が第７９９条において準用する第７３９条第２項に定める方式を欠くだけであるときは、縁組は、そのためにその効力を妨げられない。

（縁組の取消し）

第８０３条　縁組は、次条から第８０８条までの規定によらなければ、取り消すことができない。

（養親が二十歳未満の者である場合の縁組の取消し）

第８０４条　第７９２条の規定に違反した縁組は、養親又はその法定代理人から、その取消しを家庭裁判所に請求することができる。ただし、養親が、二十歳に達した後六箇月を経過し、又は追認をしたときは、この限りでない。

（養子が尊属又は年長者である場合の縁組の取消し）

第８０５条　第７９３条の規定に違反した縁組は、各当事者又はその親族から、その取消しを家庭裁判所に請求することができる。

（後見人と被後見人との間の無許可縁組の取消し）

第８０６条　第７９４条の規定に違反した縁組は、養子又はその実方の親族から、その取消しを家庭裁判所に請求することができる。ただし、管理の計算が終わった後、養子が追認をし、又は六箇月を経過したときは、この限りでない。

②　前項ただし書の追認は、養子が、成年に達し、又は行為能力を回復した後にしなければ、その効力を生じない。

③　養子が、成年に達せず、又は行為能力を回復しない間に、管理の計算が終わった場合には、第１項ただし書の期間は、養子が、成年に達し、又は行為能力を回復した時から起算する。

（配偶者の同意のない縁組等の取消し）

第８０６条の２　第７９６条の規定に違反した縁組は、縁組の同意をしていない者から、その取消しを家庭裁判所に請求することができる。ただし、その者が、縁組を知った後六箇月を経過し、又は追認をしたときは、この限りでない。

②　詐欺又は強迫によって第７９６条の同意をした者は、その縁組の取消しを家庭裁判所に請求することができる。ただし、その者が、詐欺を発見し、若しくは強迫を免れた後六箇月を経過し、又は追認をしたときは、この限りでない。

（子の監護をすべき者の同意のない縁組等の取消し）

第８０６条の３　第７９７条第２項の規定に

違反した縁組は、縁組の同意をしていない者から、その取消しを家庭裁判所に請求することができる。ただし、その者が追認をしたとき、又は養子が十五歳に達した後六箇月を経過し、若しくは追認をしたときは、この限りでない。

②　前条第２項の規定は、詐欺又は強迫によって第７９７条第２項の同意をした者について準用する。

（養子が未成年者である場合の無許可縁組の取消し）

第８０７条　第７９８条の規定に違反した縁組は、養子、その実方の親族又は養子に代わって縁組の承諾をした者から、その取消しを家庭裁判所に請求することができる。ただし、養子が、成年に達した後六箇月を経過し、又は追認をしたときは、この限りでない。

（婚姻の取消し等の規定の準用）

第８０８条　第７４７条及び第７４８条の規定は、縁組について準用する。この場合において、第７４７条第２項中「三箇月」とあるのは、「六箇月」と読み替えるものとする。

②　第７６９条及び第８１６条の規定は、縁組の取消しについて準用する。

第三款　縁組の効力

（嫡出子の身分の取得）

第８０９条　養子は、縁組の日から、養親の嫡出子の身分を取得する。

（養子の氏）

第８１０条　養子は、養親の氏を称する。ただし、婚姻によって氏を改めた者については、婚姻の際に定めた氏を称すべき間は、この限りでない。

第四款　離縁

（協議上の離縁等）

第811条　縁組の当事者は、その協議で、離縁をすることができる。

②　養子が十五歳未満であるときは、その離縁は、養親と養子の離縁後にその法定代理人となるべき者との協議でこれをする。

③　前項の場合において、養子の父母が離婚しているときは、その協議で、その一方を養子の離縁後にその親権者となるべき者と定めなければならない。

④　前項の協議が調わないとき、又は協議をすることができないときは、家庭裁判所は、同項の父若しくは母又は養親の請求によって、協議に代わる審判をすることができる。

⑤　第2項の法定代理人となるべき者がないときは、家庭裁判所は、養子の親族その他の利害関係人の請求によって、養子の離縁後にその未成年後見人となるべき者を選任する。

⑥　縁組の当事者の一方が死亡した後に生存当事者が離縁をしようとするときは、家庭裁判所の許可を得て、これをすることができる。

（夫婦である養親と未成年者との離縁）

第811条の2　養親が夫婦である場合において未成年者と離縁をするには、夫婦が共にしなければならない。ただし、夫婦の一方がその意思を表示することができないときは、この限りでない。

（婚姻の規定の準用）

第812条　第738条、第739条及び第747条の規定は、協議上の離縁について準用する。この場合において、同条第2項中「三箇月」とあるのは、「六箇月」と読み替えるものとする。

（離縁の届出の受理）

第813条　離縁の届出は、その離縁が前条に↩

おいて準用する第739条第2項の規定並びに第811条及び第811条の2の規定その他の法令の規定に違反しないことを認めた後でなければ、受理することができない。

②　離縁の届出が前項の規定に違反して受理されたときであっても、離縁は、そのためにその効力を妨げられない。

（裁判上の離縁）

第814条　縁組の当事者の一方は、次に掲げる場合に限り、離縁の訴えを提起することができる。

一　他の一方から悪意で遺棄されたとき。

二　他の一方の生死が三年以上明らかでないとき。

三　その他縁組を継続し難い重大な事由があるとき。

②　第770条第2項の規定は、前項第一号及び第二号に掲げる場合について準用する。

（養子が十五歳未満である場合の離縁の訴えの当事者）

第815条　養子が十五歳に達しない間は、第811条の規定により養親と離縁の協議をすることができる者から、又はこれに対して、離縁の訴えを提起することができる。

（離縁による復氏等）

第816条　養子は、離縁によって縁組前の氏に復する。ただし、配偶者とともに養子をした養親の一方のみと離縁をした場合は、この限りでない。

②　縁組の日から七年を経過した後に前項の規定により縁組前の氏に復した者は、離縁の日から三箇月以内に戸籍法の定めるところにより届け出ることによって、離縁の際に称していた氏を称することができる。

（離縁による復氏の際の権利の承継）

第８１７条　第７６９条の規定は、離縁について準用する。

第五款　特別養子

（特別養子縁組の成立）

第８１７条の２　家庭裁判所は、次条から第８１７条の７までに定める要件があるときは、養親となる者の請求により、実方の血族との親族関係が終了する縁組（以下この款において「特別養子縁組」という。）を成立させることができる。

②　前項に規定する請求をするには、第７９４条又は第７９８条の許可を得ることを要しない。

（養親の夫婦共同縁組）

第８１７条の３　養親となる者は、配偶者のある者でなければならない。

②　夫婦の一方は、他の一方が養親とならないときは、養親となることができない。ただし、夫婦の一方が他の一方の嫡出である子（特別養子縁組以外の縁組による養子を除く。）の養親となる場合は、この限りでない。

（養親となる者の年齢）

第８１７条の４　二十五歳に達しない者は、養親となることができない。ただし、養親となる夫婦の一方が二十五歳に達していない場合においても、その者が二十歳に達しているときは、この限りでない。

（養子となる者の年齢）

第８１７条の５　第８１７条の２に規定する請求の時に十五歳に達している者は、養子となることができない。特別養子縁組が成立するまでに十八歳に達した者についても、同様とする。

②　前項前段の規定は、養子となる者が十五歳に達する前から引き続き養親となる者に監護✍

されている場合において、十五歳に達するまでに第８１７条の２に規定する請求がされなかったことについてやむを得ない事由があるときは、適用しない。

③　養子となる者が十五歳に達している場合においては、特別養子縁組の成立には、その者の同意がなければならない。

（父母の同意）

第８１７条の６　特別養子縁組の成立には、養子となる者の父母の同意がなければならない。ただし、父母がその意思を表示することができない場合又は父母による虐待、悪意の遺棄その他養子となる者の利益を著しく害する事由がある場合は、この限りでない。

（子の利益のための特別の必要性）

第８１７条の７　特別養子縁組は、父母による養子となる者の監護が著しく困難又は不適当であることその他特別の事情がある場合において、子の利益のため特に必要があると認めるときに、これを成立させるものとする。

（監護の状況）

第８１７条の８　特別養子縁組を成立させるには、養親となる者が養子となる者を六箇月以上の期間監護した状況を考慮しなければならない。

②　前項の期間は、第８１７条の２に規定する請求の時から起算する。ただし、その請求前の監護の状況が明らかであるときは、この限りでない。

（実方との親族関係の終了）

第８１７条の９　養子と実方の父母及びその血族との親族関係は、特別養子縁組によって終了する。ただし、第８１７条の３第２項ただし書に規定する他の一方及びその血族との親族関係については、この限りでない。

（特別養子縁組の離縁）

第817条の10　次の各号のいずれにも該当する場合において、養子の利益のため特に必要があると認めるときは、家庭裁判所は、養子、実父母又は検察官の請求により、特別養子縁組の当事者を離縁させることができる。

一　養親による虐待、悪意の遺棄その他養子の利益を著しく害する事由があること。

二　実父母が相当の監護をすることができること。

②　離縁は、前項の規定による場合のほか、これをすることができない。

（離縁による実方との親族関係の回復）

第817条の11　養子と実父母及びその血族との間においては、離縁の日から、特別養子縁組によって終了した親族関係と同一の親族関係を生ずる。

第四章　親権

第一節　総則

（親権者）

第818条　成年に達しない子は、父母の親権に服する。

②　子が養子であるときは、養親の親権に服する。

③　親権は、父母の婚姻中は、父母が共同して行う。ただし、父母の一方が親権を行うことができないときは、他の一方が行う。

（離婚又は認知の場合の親権者）

第819条　父母が協議上の離婚をするときは、その協議で、その一方を親権者と定めなければならない。

②　裁判上の離婚の場合には、裁判所は、父母の一方を親権者と定める。

③　子の出生前に父母が離婚した場合には、親権は、母が行う。ただし、子の出生後に、父母の協議で、父を親権者と定めることができる。

④　父が認知した子に対する親権は、父母の協議で父を親権者と定めたときに限り、父が行う。

⑤　第1項、第3項又は前項の協議が調わないとき、又は協議をすることができないときは、家庭裁判所は、父又は母の請求によって、協議に代わる審判をすることができる。

⑥　子の利益のため必要があると認めるときは、家庭裁判所は、子の親族の請求によって、親権者を他の一方に変更することができる。

第二節　親権の効力

（監護及び教育の権利義務）

第820条　親権を行う者は、子の利益のために子の監護及び教育をする権利を有し、義務を負う。

（子の人格の尊重等）

第821条　親権を行う者は、前条の規定による監護及び教育をするに当たっては、子の人格を尊重するとともに、その年齢及び発達の程度に配慮しなければならず、かつ、体罰その他の子の心身の健全な発達に有害な影響を及ぼす言動をしてはならない。

（居所の指定）

第822条　子は、親権を行う者が指定した場所に、その居所を定めなければならない。

（職業の許可）

第823条　子は、親権を行う者の許可を得なければ、職業を営むことができない。

②　親権を行う者は、第6条第2項の場合には、前項の許可を取り消し、又はこれを制限することができる。

（財産の管理及び代表）

第824条 親権を行う者は、子の財産を管理し、かつ、その財産に関する法律行為についてその子を代表する。ただし、その子の行為を目的とする債務を生ずべき場合には、本人の同意を得なければならない。

（父母の一方が共同の名義でした行為の効力）

第825条 父母が共同して親権を行う場合において、父母の一方が、共同の名義で、子に代わって法律行為をし又は子がこれをすることに同意したときは、その行為は、他の一方の意思に反したときであっても、そのためにその効力を妨げられない。ただし、相手方が悪意であったときは、この限りでない。

（利益相反行為）

第826条 親権を行う父又は母とその子との利益が相反する行為については、親権を行う者は、その子のために特別代理人を選任することを家庭裁判所に請求しなければならない。

② 親権を行う者が数人の子に対して親権を行う場合において、その一人と他の子との利益が相反する行為については、親権を行う者は、その一方のために特別代理人を選任することを家庭裁判所に請求しなければならない。

（財産の管理における注意義務）

第827条 親権を行う者は、自己のためにするのと同一の注意をもって、その管理権を行わなければならない。

（財産の管理の計算）

第828条 子が成年に達したときは、親権を行った者は、遅滞なくその管理の計算をしなければならない。ただし、その子の養育及び財産の管理の費用は、その子の財産の収益と相殺したものとみなす。

第829条 前条ただし書の規定は、無償で子に財産を与える第三者が反対の意思を表示したときは、その財産については、これを適用しない。

（第三者が無償で子に与えた財産の管理）

第830条 無償で子に財産を与える第三者が、親権を行う父又は母にこれを管理させない意思を表示したときは、その財産は、父又は母の管理に属しないものとする。

② 前項の財産につき父母が共に管理権を有しない場合において、第三者が管理者を指定しなかったときは、家庭裁判所は、子、その親族又は検察官の請求によって、その管理者を選任する。

③ 第三者が管理者を指定したときであっても、その管理者の権限が消滅し、又はこれを改任する必要がある場合において、第三者が更に管理者を指定しないときも、前項と同様とする。

④ 第27条から第29条までの規定は、前2項の場合について準用する。

（委任の規定の準用）

第831条 第654条及び第655条の規定は、親権を行う者が子の財産を管理する場合及び前条の場合について準用する。

（財産の管理について生じた親子間の債権の消滅時効）

第832条 親権を行った者とその子との間に財産の管理について生じた債権は、その管理権が消滅した時から五年間これを行使しないときは、時効によって消滅する。

② 子がまだ成年に達しない間に管理権が消滅した場合において子に法定代理人がないときは、前項の期間は、その子が成年に達し、又は後任の法定代理人が就職した時から起算する。

（子に代わる親権の行使）

第８３３条 親権を行う者は、その親権に服する子に代わって親権を行う。

第三節 親権の喪失

（親権喪失の審判）

第８３４条 父又は母による虐待又は悪意の遺棄があるときその他父又は母による親権の行使が著しく困難又は不適当であることにより子の利益を著しく害するときは、家庭裁判所は、子、その親族、未成年後見人、未成年後見監督人又は検察官の請求により、その父又は母について、親権喪失の審判をすることができる。ただし、二年以内にその原因が消滅する見込みがあるときは、この限りでない。

（親権停止の審判）

第８３４条の２ 父又は母による親権の行使が困難又は不適当であることにより子の利益を害するときは、家庭裁判所は、子、その親族、未成年後見人、未成年後見監督人又は検察官の請求により、その父又は母について、親権停止の審判をすることができる。

② 家庭裁判所は、親権停止の審判をするときは、その原因が消滅するまでに要すると見込まれる期間、子の心身の状態及び生活の状況その他一切の事情を考慮して、二年を超えない範囲内で、親権を停止する期間を定める。

（管理権喪失の審判）

第８３５条 父又は母による管理権の行使が困難又は不適当であることにより子の利益を害するときは、家庭裁判所は、子、その親族、未成年後見人、未成年後見監督人又は検察官の請求により、その父又は母について、管理権喪失の審判をすることができる。

（親権喪失、親権停止又は管理権喪失の審判の取消し）

第８３６条 第８３４条本文、第８３４条の２第１項又は前条に規定する原因が消滅したときは、家庭裁判所は、本人又はその親族の請求によって、それぞれ親権喪失、親権停止又は管理権喪失の審判を取り消すことができる。

（親権又は管理権の辞任及び回復）

第８３７条 親権を行う父又は母は、やむを得ない事由があるときは、家庭裁判所の許可を得て、親権又は管理権を辞することができる。

② 前項の事由が消滅したときは、父又は母は、家庭裁判所の許可を得て、親権又は管理権を回復することができる。

第五章 後見

第一節 後見の開始

第８３８条 後見は、次に掲げる場合に開始する。

一 未成年者に対して親権を行う者がないとき、又は親権を行う者が管理権を有しないとき。

二 後見開始の審判があったとき。

第二節 後見の機関

第一款 後見人

（未成年後見人の指定）

第８３９条 未成年者に対して最後に親権を行う者は、遺言で、未成年後見人を指定することができる。ただし、管理権を有しない者は、この限りでない。

② 親権を行う父母の一方が管理権を有しないときは、他の一方は、前項の規定により未成年後見人の指定をすることができる。

（未成年後見人の選任）

第８４０条 前条の規定により未成年後見人となるべき者がないときは、家庭裁判所は、未成年被後見人又はその親族その他の利害関係人の請求によって、未成年後見人を選任する。

未成年後見人が欠けたときも、同様とする。

② 未成年後見人がある場合においても、家庭裁判所は、必要があると認めるときは、前項に規定する者若しくは未成年後見人の請求により又は職権で、更に未成年後見人を選任することができる。

③ 未成年後見人を選任するには、未成年被後見人の年齢、心身の状態並びに生活及び財産の状況、未成年後見人となる者の職業及び経歴並びに未成年被後見人との利害関係の有無（未成年後見人となる者が法人であるときは、その事業の種類及び内容並びにその法人及びその代表者と未成年被後見人との利害関係の有無）、未成年被後見人の意見その他一切の事情を考慮しなければならない。

（父母による未成年後見人の選任の請求）

第８４１条　父若しくは母が親権若しくは管理権を辞し、又は父若しくは母について親権喪失、親権停止若しくは管理権喪失の審判があったことによって未成年後見人を選任する必要が生じたときは、その父又は母は、遅滞なく未成年後見人の選任を家庭裁判所に請求しなければならない。

第８４２条　削除

（成年後見人の選任）

第８４３条　家庭裁判所は、後見開始の審判をするときは、職権で、成年後見人を選任する。

② 成年後見人が欠けたときは、家庭裁判所は、成年被後見人若しくはその親族その他の利害関係人の請求により又は職権で、成年後見人を選任する。

③ 成年後見人が選任されている場合においても、家庭裁判所は、必要があると認めるときは、前項に規定する者若しくは成年後見人の請求により又は職権で、更に成年後見人を選任する✍

ことができる。

④ 成年後見人を選任するには、成年被後見人の心身の状態並びに生活及び財産の状況、成年後見人となる者の職業及び経歴並びに成年被後見人との利害関係の有無（成年後見人となる者が法人であるときは、その事業の種類及び内容並びにその法人及びその代表者と成年被後見人との利害関係の有無）、成年被後見人の意見その他一切の事情を考慮しなければならない。

（後見人の辞任）

第８４４条　後見人は、正当な事由があるときは、家庭裁判所の許可を得て、その任務を辞することができる。

（辞任した後見人による新たな後見人の選任の請求）

第８４５条　後見人がその任務を辞したことによって新たに後見人を選任する必要が生じたときは、その後見人は、遅滞なく新たな後見人の選任を家庭裁判所に請求しなければならない。

（後見人の解任）

第８４６条　後見人に不正な行為、著しい不行跡その他後見の任務に適しない事由があるときは、家庭裁判所は、後見監督人、被後見人若しくはその親族若しくは検察官の請求により又は職権で、これを解任することができる。

（後見人の欠格事由）

第８４７条　次に掲げる者は、後見人となることができない。

一　未成年者

二　家庭裁判所で免ぜられた法定代理人、保佐人又は補助人

三　破産者

四　被後見人に対して訴訟をし、又はした者並びにその配偶者及び直系血族

五　行方の知れない者

第二款　後見監督人

（未成年後見監督人の指定）

第848条　未成年後見人を指定することができる者は、遺言で、未成年後見監督人を指定することができる。

（後見監督人の選任）

第849条　家庭裁判所は、必要があると認めるときは、被後見人、その親族若しくは後見人の請求により又は職権で、後見監督人を選任することができる。

（後見監督人の欠格事由）

第850条　後見人の配偶者、直系血族及び兄弟姉妹は、後見監督人となることができない。

（後見監督人の職務）

第851条　後見監督人の職務は、次のとおりとする。

一　後見人の事務を監督すること。

二　後見人が欠けた場合に、遅滞なくその選任を家庭裁判所に請求すること。

三　急迫の事情がある場合に、必要な処分をすること。

四　後見人又はその代表する者と被後見人との利益が相反する行為について被後見人を代表すること。

（委任及び後見人の規定の準用）

第852条　第644条、第654条、第655条、第844条、第846条、第847条、第861条第2項及び第862条の規定は後見監督人について、第840条第3項及び第857条の2の規定は未成年後見監督人について、第843条第4項、第859条の2及び第859条の3の規定は成年後見監督人について準用する。

第三節　後見の事務

（財産の調査及び目録の作成）

第853条　後見人は、遅滞なく被後見人の財産の調査に着手し、一箇月以内に、その調査を終わり、かつ、その目録を作成しなければならない。ただし、この期間は、家庭裁判所において伸長することができる。

②　財産の調査及びその目録の作成は、後見監督人があるときは、その立会いをもってしなければ、その効力を生じない。

（財産の目録の作成前の権限）

第854条　後見人は、財産の目録の作成を終わるまでは、急迫の必要がある行為のみをする権限を有する。ただし、これをもって善意の第三者に対抗することができない。

（後見人の被後見人に対する債権又は債務の申出義務）

第855条　後見人が、被後見人に対し、債権を有し、又は債務を負う場合において、後見監督人があるときは、財産の調査に着手する前に、これを後見監督人に申し出なければならない。

②　後見人が、被後見人に対し債権を有することを知ってこれを申し出ないときは、その債権を失う。

（被後見人が包括財産を取得した場合についての準用）

第856条　前3条の規定は、後見人が就職した後被後見人が包括財産を取得した場合について準用する。

（未成年被後見人の身上の監護に関する権利義務）

第857条　未成年後見人は、第820条から第823条までに規定する事項について、親権 ↗

を行う者と同一の権利義務を有する。ただし、親権を行う者が定めた教育の方法及び居所を変更し、営業を許可し、その許可を取り消し、又はこれを制限するには、未成年後見監督人があるときは、その同意を得なければならない。

（未成年後見人が数人ある場合の権限の行使等）
第８５７条の２　未成年後見人が数人あるときは、共同してその権限を行使する。
②　未成年後見人が数人あるときは、家庭裁判所は、職権で、その一部の者について、財産に関する権限のみを行使すべきことを定めることができる。
③　未成年後見人が数人あるときは、家庭裁判所は、職権で、財産に関する権限について、各未成年後見人が単独で又は数人の未成年後見人が事務を分掌して、その権限を行使すべきことを定めることができる。
④　家庭裁判所は、職権で、前２項の規定による定めを取り消すことができる。
⑤　未成年後見人が数人あるときは、第三者の意思表示は、その一人に対してすれば足りる。

（成年被後見人の意思の尊重及び身上の配慮）
第８５８条　成年後見人は、成年被後見人の生活、療養看護及び財産の管理に関する事務を行うに当たっては、成年被後見人の意思を尊重し、かつ、その心身の状態及び生活の状況に配慮しなければならない。

（財産の管理及び代表）
第８５９条　後見人は、被後見人の財産を管理し、かつ、その財産に関する法律行為について被後見人を代表する。
②　第８２４条ただし書の規定は、前項の場合について準用する。

（成年後見人が数人ある場合の権限の行使等）
第８５９条の２　成年後見人が数人あるときは、家庭裁判所は、職権で、数人の成年後見人が、共同して又は事務を分掌して、その権限を行使すべきことを定めることができる。
②　家庭裁判所は、職権で、前項の規定による定めを取り消すことができる。
③　成年後見人が数人あるときは、第三者の意思表示は、その一人に対してすれば足りる。

（成年被後見人の居住用不動産の処分についての許可）
第８５９条の３　成年後見人は、成年被後見人に代わって、その居住の用に供する建物又はその敷地について、売却、賃貸、賃貸借の解除又は抵当権の設定その他これらに準ずる処分をするには、家庭裁判所の許可を得なければならない。

（利益相反行為）
第８６０条　第８２６条の規定は、後見人について準用する。ただし、後見監督人がある場合は、この限りでない。

（成年後見人による郵便物等の管理）
第８６０条の２　家庭裁判所は、成年後見人がその事務を行うに当たって必要があると認めるときは、成年後見人の請求により、信書の送達の事業を行う者に対し、期間を定めて、成年被後見人に宛てた郵便物又は民間事業者による信書の送達に関する法律（平成十四年法律第九十九号）第２条第３項に規定する信書便物（次条において「郵便物等」という。）を成年後見人に配達すべき旨を嘱託することができる。
②　前項に規定する嘱託の期間は、六箇月を超えることができない。

③　家庭裁判所は、第1項の規定による審判があった後事情に変更を生じたときは、成年被後見人、成年後見人若しくは成年後見監督人の請求により又は職権で、同項に規定する嘱託を取り消し、又は変更することができる。ただし、その変更の審判においては、同項の規定による審判において定められた期間を伸長することができない。

④　成年後見人の任務が終了したときは、家庭裁判所は、第1項に規定する嘱託を取り消さなければならない。

<u>第860条の3</u>　成年後見人は、成年被後見人に宛てた郵便物等を受け取ったときは、これを開いて見ることができる。

②　成年後見人は、その受け取った前項の郵便物等で成年後見人の事務に関しないものは、速やかに成年被後見人に交付しなければならない。

③　成年被後見人は、成年後見人に対し、成年後見人が受け取った第1項の郵便物等（前項の規定により成年被後見人に交付されたものを除く。）の閲覧を求めることができる。

（支出金額の予定及び後見の事務の費用）

<u>第861条</u>　後見人は、その就職の初めにおいて、被後見人の生活、教育又は療養看護及び財産の管理のために毎年支出すべき金額を予定しなければならない。

②　後見人が後見の事務を行うために必要な費用は、被後見人の財産の中から支弁する。

（後見人の報酬）

<u>第862条</u>　家庭裁判所は、後見人及び被後見人の資力その他の事情によって、被後見人の財産の中から、相当な報酬を後見人に与えることができる。

（後見の事務の監督）

<u>第863条</u>　後見監督人又は家庭裁判所は、いつでも、後見人に対し後見の事務の報告若しくは財産の目録の提出を求め、又は後見の事務若しくは被後見人の財産の状況を調査することができる。

②　家庭裁判所は、後見監督人、被後見人若しくはその親族その他の利害関係人の請求により又は職権で、被後見人の財産の管理その他後見の事務について必要な処分を命ずることができる。

（後見監督人の同意を要する行為）

<u>第864条</u>　後見人が、被後見人に代わって営業若しくは第13条第1項各号に掲げる行為をし、又は未成年被後見人がこれをすることに同意するには、後見監督人があるときは、その同意を得なければならない。ただし、同項第一号に掲げる元本の領収については、この限りでない。

<u>第865条</u>　後見人が、前条の規定に違反してし又は同意を与えた行為は、被後見人又は後見人が取り消すことができる。この場合においては、第20条の規定を準用する。

②　前項の規定は、第121条から第126条までの規定の適用を妨げない。

（被後見人の財産等の譲受けの取消し）

<u>第866条</u>　後見人が被後見人の財産又は被後見人に対する第三者の権利を譲り受けたときは、被後見人は、これを取り消すことができる。この場合においては、第20条の規定を準用する。

②　前項の規定は、第121条から第126条までの規定の適用を妨げない。

（未成年被後見人に代わる親権の行使）

第867条 未成年後見人は、未成年被後見人に代わって親権を行う。

② 第853条から第857条まで及び第861条から前条までの規定は、前項の場合について準用する。

（財産に関する権限のみを有する未成年後見人）

第868条 親権を行う者が管理権を有しない場合には、未成年後見人は、財産に関する権限のみを有する。

（委任及び親権の規定の準用）

第869条 第644条及び第830条の規定は、後見について準用する。

第四節　後見の終了

（後見の計算）

第870条 後見人の任務が終了したときは、後見人又はその相続人は、二箇月以内にその管理の計算（以下「後見の計算」という。）をしなければならない。ただし、この期間は、家庭裁判所において伸長することができる。

第871条 後見の計算は、後見監督人があるときは、その立会いをもってしなければならない。

（未成年被後見人と未成年後見人等との間の契約等の取消し）

第872条 未成年被後見人が成年に達した後後見の計算の終了前に、その者と未成年後見人又はその相続人との間でした契約は、その者が取り消すことができる。その者が未成年後見人又はその相続人に対してした単独行為も、同様とする。

② 第20条及び第121条から第126条までの規定は、前項の場合について準用する。

（返還金に対する利息の支払等）

第873条 後見人が被後見人に返還すべき金額及び被後見人が後見人に返還すべき金額には、後見の計算が終了した時から、利息を付さなければならない。

② 後見人は、自己のために被後見人の金銭を消費したときは、その消費の時から、これに利息を付さなければならない。この場合において、なお損害があるときは、その賠償の責任を負う。

（成年被後見人の死亡後の成年後見人の権限）

第873条の2 成年後見人は、成年被後見人が死亡した場合において、必要があるときは、成年被後見人の相続人の意思に反することが明らかなときを除き、相続人が相続財産を管理することができるに至るまで、次に掲げる行為をすることができる。ただし、第三号に掲げる行為をするには、家庭裁判所の許可を得なければならない。

一　相続財産に属する特定の財産の保存に必要な行為

二　相続財産に属する債務（弁済期が到来しているものに限る。）の弁済

三　その死体の火葬又は埋葬に関する契約の締結その他相続財産の保存に必要な行為（前二号に掲げる行為を除く。）

（委任の規定の準用）

第874条 第654条及び第655条の規定は、後見について準用する。

（後見に関して生じた債権の消滅時効）

第875条 第832条の規定は、後見人又は後見監督人と被後見人との間において後見に関して生じた債権の消滅時効について準用する。

② 前項の消滅時効は、第872条の規定により法律行為を取り消した場合には、その取消しの時から起算する。

第六章　保佐及び補助
第一節　保佐

（保佐の開始）

第876条　保佐は、保佐開始の審判によって開始する。

（保佐人及び臨時保佐人の選任等）

第876条の2　家庭裁判所は、保佐開始の審判をするときは、職権で、保佐人を選任する。

②　第843条第2項から第4項まで及び第844条から第847条までの規定は、保佐人について準用する。

③　保佐人又はその代表する者と被保佐人との利益が相反する行為については、保佐人は、臨時保佐人の選任を家庭裁判所に請求しなければならない。ただし、保佐監督人がある場合は、この限りでない。

（保佐監督人）

第876条の3　家庭裁判所は、必要があると認めるときは、被保佐人、その親族若しくは保佐人の請求により又は職権で、保佐監督人を選任することができる。

②　第644条、第654条、第655条、第843条第4項、第844条、第846条、第847条、第850条、第851条、第859条の2、第859条の3、第861条第2項及び第862条の規定は、保佐監督人について準用する。この場合において、第851条第四号中「被後見人を代表する」とあるのは、「被保佐人を代表し、又は被保佐人がこれをすることに同意する」と読み替えるものとする。

（保佐人に代理権を付与する旨の審判）

第876条の4　家庭裁判所は、第11条本文に規定する者又は保佐人若しくは保佐監督人の請求によって、被保佐人のために特定の法律行為について保佐人に代理権を付与する旨の審判をすることができる。➷

②　本人以外の者の請求によって前項の審判をするには、本人の同意がなければならない。

③　家庭裁判所は、第1項に規定する者の請求によって、同項の審判の全部又は一部を取り消すことができる。

（保佐の事務及び保佐人の任務の終了等）

第876条の5　保佐人は、保佐の事務を行うに当たっては、被保佐人の意思を尊重し、かつ、その心身の状態及び生活の状況に配慮しなければならない。

②　第644条、第859条の2、第859条の3、第861条第2項、第862条及び第863条の規定は保佐の事務について、第824条ただし書の規定は保佐人が前条第1項の代理権を付与する旨の審判に基づき被保佐人を代表する場合について準用する。

③　第654条、第655条、第870条、第871条及び第873条の規定は保佐人の任務が終了した場合について、第832条の規定は保佐人又は保佐監督人と被保佐人との間において保佐に関して生じた債権について準用する。

第二節　補助

（補助の開始）

第876条の6　補助は、補助開始の審判によって開始する。

（補助人及び臨時補助人の選任等）

第876条の7　家庭裁判所は、補助開始の審判をするときは、職権で、補助人を選任する。

②　第843条第2項から第4項まで及び第844条から第847条までの規定は、補助人について準用する。

③　補助人又はその代表する者と被補助人との利益が相反する行為については、補助人は、臨時補助人の選任を家庭裁判所に請求しなければならない。ただし、補助監督人がある場合は、この限りでない。

（補助監督人）

第８７６条の８　家庭裁判所は、必要があると認めるときは、被補助人、その親族若しくは補助人の請求により又は職権で、補助監督人を選任することができる。

②　第６４４条、第６５４条、第６５５条、第８４３条第４項、第８４４条、第８４６条、第８４７条、第８５０条、第８５１条、第８５９条の２、第８５９条の３、第８６１条第２項及び第８６２条の規定は、補助監督人について準用する。この場合において、第８５１条第四号中「被後見人を代表する」とあるのは、「被補助人を代表し、又は被補助人がこれをすることに同意する」と読み替えるものとする。

（補助人に代理権を付与する旨の審判）

第８７６条の９　家庭裁判所は、第１５条第１項本文に規定する者又は補助人若しくは補助監督人の請求によって、被補助人のために特定の法律行為について補助人に代理権を付与する旨の審判をすることができる。

②　第８７６条の４第２項及び第３項の規定は、前項の審判について準用する。

（補助の事務及び補助人の任務の終了等）

第８７６条の１０　第６４４条、第８５９条の２、第８５９条の３、第８６１条第２項、第８６２条、第８６３条及び第８７６条の５第１項の規定は補助の事務について、第８２４条ただし書の規定は補助人が前条第１項の代理権を付与する旨の審判に基づき被補助人を代表する場合について準用する。

②　第６５４条、第６５５条、第８７０条、第８７１条及び第８７３条の規定は補助人の任務が終了した場合について、第８３２条の規定は補助人又は補助監督人と被補助人との間において補助に関して生じた債権について準用する。

第七章　扶養

（扶養義務者）

第８７７条　直系血族及び兄弟姉妹は、互いに扶養をする義務がある。

②　家庭裁判所は、特別の事情があるときは、前項に規定する場合のほか、三親等内の親族間においても扶養の義務を負わせることができる。

③　前項の規定による審判があった後事情に変更を生じたときは、家庭裁判所は、その審判を取り消すことができる。

（扶養の順位）

第８７８条　扶養をする義務のある者が数人ある場合において、扶養をすべき者の順序について、当事者間に協議が調わないとき、又は協議をすることができないときは、家庭裁判所が、これを定める。扶養を受ける権利のある者が数人ある場合において、扶養義務者の資力がその全員を扶養するのに足りないときの扶養を受けるべき者の順序についても、同様とする。

（扶養の程度又は方法）

第８７９条　扶養の程度又は方法について、当事者間に協議が調わないとき、又は協議をすることができないときは、扶養権利者の需要、扶養義務者の資力その他一切の事情を考慮して、家庭裁判所が、これを定める。

（扶養に関する協議又は審判の変更又は取消し）

第８８０条　扶養をすべき者若しくは扶養を受けるべき者の順序又は扶養の程度若しくは方法について協議又は審判があった後事情に変更を生じたときは、家庭裁判所は、その協議又は審判の変更又は取消しをすることができる。

（扶養請求権の処分の禁止）

第８８１条　扶養を受ける権利は、処分することができない。

第五編　相続
第一章　総則

（相続開始の原因）

第882条　相続は、死亡によって開始する。

（相続開始の場所）

第883条　相続は、被相続人の住所において開始する。

（相続回復請求権）

第884条　相続回復の請求権は、相続人又はその法定代理人が相続権を侵害された事実を知った時から五年間行使しないときは、時効によって消滅する。相続開始の時から二十年を経過したときも、同様とする。

（相続財産に関する費用）

第885条　相続財産に関する費用は、その財産の中から支弁する。ただし、相続人の過失によるものは、この限りでない。

第二章　相続人

（相続に関する胎児の権利能力）

第886条　胎児は、相続については、既に生まれたものとみなす。

②　前項の規定は、胎児が死体で生まれたときは、適用しない。

（子及びその代襲者等の相続権）

第887条　被相続人の子は、相続人となる。

②　被相続人の子が、相続の開始以前に死亡したとき、又は第891条の規定に該当し、若しくは廃除によって、その相続権を失ったときは、その者の子がこれを代襲して相続人となる。ただし、被相続人の直系卑属でない者は、この限りでない。

③　前項の規定は、代襲者が、相続の開始以前に死亡し、又は第891条の規定に該当し、若しくは廃除によって、その代襲相続権を失った場合について準用する。

第888条　削除

（直系尊属及び兄弟姉妹の相続権）

第889条　次に掲げる者は、第887条の規定により相続人となるべき者がない場合には、次に掲げる順序の順位に従って相続人となる。

一　被相続人の直系尊属。ただし、親等の異なる者の間では、その近い者を先にする。

二　被相続人の兄弟姉妹

②　第887条第2項の規定は、前項第二号の場合について準用する。

（配偶者の相続権）

第890条　被相続人の配偶者は、常に相続人となる。この場合において、第887条又は前条の規定により相続人となるべき者があるときは、その者と同順位とする。

（相続人の欠格事由）

第891条　次に掲げる者は、相続人となることができない。

一　故意に被相続人又は相続について先順位若しくは同順位にある者を死亡するに至らせ、又は至らせようとしたために、刑に処せられた者

二　被相続人の殺害されたことを知って、これを告発せず、又は告訴しなかった者。ただし、その者に是非の弁別がないとき、又は殺害者が自己の配偶者若しくは直系血族であったときは、この限りでない。

三　詐欺又は強迫によって、被相続人が相続に関する遺言をし、撤回し、取り消し、又は変更することを妨げた者

四　詐欺又は強迫によって、被相続人に相続に関する遺言をさせ、撤回させ、取り消させ、又は変更させた者

五　相続に関する被相続人の遺言書を偽造し、変造し、破棄し、又は隠匿した者

（推定相続人の廃除）

第892条 遺留分を有する推定相続人（相続が開始した場合に相続人となるべき者をいう。以下同じ。）が、被相続人に対して虐待をし、若しくはこれに重大な侮辱を加えたとき、又は推定相続人にその他の著しい非行があったときは、被相続人は、その推定相続人の廃除を家庭裁判所に請求することができる。

（遺言による推定相続人の廃除）

第893条 被相続人が遺言で推定相続人を廃除する意思を表示したときは、遺言執行者は、その遺言が効力を生じた後、遅滞なく、その推定相続人の廃除を家庭裁判所に請求しなければならない。この場合において、その推定相続人の廃除は、被相続人の死亡の時にさかのぼってその効力を生ずる。

（推定相続人の廃除の取消し）

第894条 被相続人は、いつでも、推定相続人の廃除の取消しを家庭裁判所に請求することができる。

② 前条の規定は、推定相続人の廃除の取消しについて準用する。

（推定相続人の廃除に関する審判確定前の遺産の管理）

第895条 推定相続人の廃除又はその取消しの請求があった後その審判が確定する前に相続が開始したときは、家庭裁判所は、親族、利害関係人又は検察官の請求によって、遺産の管理について必要な処分を命ずることができる。推定相続人の廃除の遺言があったときも、同様とする。

② 第27条から第29条までの規定は、前項の規定により家庭裁判所が遺産の管理人を選任した場合について準用する。

第三章　相続の効力
第一節　総則

（相続の一般的効力）

第896条 相続人は、相続開始の時から、被相続人の財産に属した一切の権利義務を承継する。ただし、被相続人の一身に専属したものは、この限りでない。

（祭祀に関する権利の承継）

第897条 系譜、祭具及び墳墓の所有権は、前条の規定にかかわらず、慣習に従って祖先の祭祀を主宰すべき者が承継する。ただし、被相続人の指定に従って祖先の祭祀を主宰すべき者があるときは、その者が承継する。

② 前項本文の場合において慣習が明らかでないときは、同項の権利を承継すべき者は、家庭裁判所が定める。

（相続財産の保存）

第897条の2 家庭裁判所は、利害関係人又は検察官の請求によって、いつでも、相続財産の管理人の選任その他の相続財産の保存に必要な処分を命ずることができる。ただし、相続人が一人である場合においてその相続人が相続の単純承認をしたとき、相続人が数人ある場合において遺産の全部の分割がされたとき、又は第952条第1項の規定により相続財産の清算人が選任されているときは、この限りでない。

② 第27条から第29条までの規定は、前項の規定により家庭裁判所が相続財産の管理人を選任した場合について準用する。

（共同相続の効力）

第898条 相続人が数人あるときは、相続財産は、その共有に属する。

② 相続財産について共有に関する規定を適用するときは、第900条から第902条までの規定により算定した相続分をもって各相続人の共有持分とする。

第899条　各共同相続人は、その相続分に応じて被相続人の権利義務を承継する。

（共同相続における権利の承継の対抗要件）

第899条の2　相続による権利の承継は、遺産の分割によるものかどうかにかかわらず、次条及び第901条の規定により算定した相続分を超える部分については、登記、登録その他の対抗要件を備えなければ、第三者に対抗することができない。

②　前項の権利が債権である場合において、次条及び第901条の規定により算定した相続分を超えて当該債権を承継した共同相続人が当該債権に係る遺言の内容（遺産の分割により当該債権を承継した場合にあっては、当該債権に係る遺産の分割の内容）を明らかにして債務者にその承継の通知をしたときは、共同相続人の全員が債務者に通知をしたものとみなして、同項の規定を適用する。

第二節　相続分
（法定相続分）

第900条　同順位の相続人が数人あるときは、その相続分は、次の各号の定めるところによる。

一　子及び配偶者が相続人であるときは、子の相続分及び配偶者の相続分は、各二分の一とする。

二　配偶者及び直系尊属が相続人であるときは、配偶者の相続分は、三分の二とし、直系尊属の相続分は、三分の一とする。

三　配偶者及び兄弟姉妹が相続人であるときは、配偶者の相続分は、四分の三とし、兄弟姉妹の相続分は、四分の一とする。

四　子、直系尊属又は兄弟姉妹が数人あるときは、各自の相続分は、相等しいものとする。ただし、父母の一方のみを同じくする兄弟姉妹の相続分は、父母の双方を同じくする兄弟姉妹の相続分の二分の一とする。

（代襲相続人の相続分）

第901条　第887条第2項又は第3項の規定により相続人となる直系卑属の相続分は、その直系尊属が受けるべきであったものと同じとする。ただし、直系卑属が数人あるときは、その各自の直系尊属が受けるべきであった部分について、前条の規定に従ってその相続分を定める。

②　前項の規定は、第889条第2項の規定により兄弟姉妹の子が相続人となる場合について準用する。

（遺言による相続分の指定）

第902条　被相続人は、前2条の規定にかかわらず、遺言で、共同相続人の相続分を定め、又はこれを定めることを第三者に委託することができる。

②　被相続人が、共同相続人中の一人若しくは数人の相続分のみを定め、又はこれを第三者に定めさせたときは、他の共同相続人の相続分は、前2条の規定により定める。

(相続分の指定がある場合の債権者の権利の行使)

第902条の2　被相続人が相続開始の時において有した債務の債権者は、前条の規定による相続分の指定がされた場合であっても、各共同相続人に対し、第900条及び第901条の規定により算定した相続分に応じてその権利を行使することができる。ただし、その債権者が共同相続人の一人に対してその指定された相続分に応じた債務の承継を承認したときは、この限りでない。

（特別受益者の相続分）

第903条　共同相続人中に、被相続人から、遺贈を受け、又は婚姻若しくは養子縁組のため若しくは生計の資本として贈与を受けた者があるときは、被相続人が相続開始の時において✔

有した財産の価額にその贈与の価額を加えたものを相続財産とみなし、第９００条から第９０２条までの規定により算定した相続分の中からその遺贈又は贈与の価額を控除した残額をもってその者の相続分とする。

②　遺贈又は贈与の価額が、相続分の価額に等しく、又はこれを超えるときは、受遺者又は受贈者は、その相続分を受けることができない。

③　被相続人が前２項の規定と異なった意思を表示したときは、その意思に従う。

④　婚姻期間が二十年以上の夫婦の一方である被相続人が、他の一方に対し、その居住の用に供する建物又はその敷地について遺贈又は贈与をしたときは、当該被相続人は、その遺贈又は贈与について第１項の規定を適用しない旨の意思を表示したものと推定する。

第９０４条　前条に規定する贈与の価額は、受贈者の行為によって、その目的である財産が滅失し、又はその価格の増減があったときであっても、相続開始の時においてなお原状のままであるものとみなしてこれを定める。

（寄与分）
第９０４条の２　共同相続人中に、被相続人の事業に関する労務の提供又は財産上の給付、被相続人の療養看護その他の方法により被相続人の財産の維持又は増加について特別の寄与をした者があるときは、被相続人が相続開始の時において有した財産の価額から共同相続人の協議で定めたその者の寄与分を控除したものを相続財産とみなし、第９００条から第９０２条までの規定により算定した相続分に寄与分を加えた額をもってその者の相続分とする。

②　前項の協議が調わないとき、又は協議をすることができないときは、家庭裁判所は、同項に規定する寄与をした者の請求により、寄与の時期、方法及び程度、相続財産の額その他一切↙

の事情を考慮して、寄与分を定める。

③　寄与分は、被相続人が相続開始の時において有した財産の価額から遺贈の価額を控除した残額を超えることができない。

④　第２項の請求は、第９０７条第２項の規定による請求があった場合又は第９１０条に規定する場合にすることができる。

（期間経過後の遺産の分割における相続分）
第９０４条の３　前３条の規定は、相続開始の時から十年を経過した後にする遺産の分割については、適用しない。ただし、次の各号のいずれかに該当するときは、この限りでない。

一　相続開始の時から十年を経過する前に、相続人が家庭裁判所に遺産の分割の請求をしたとき。

二　相続開始の時から始まる十年の期間の満了前六箇月以内の間に、遺産の分割を請求することができないやむを得ない事由が相続人にあった場合において、その事由が消滅した時から六箇月を経過する前に、当該相続人が家庭裁判所に遺産の分割の請求をしたとき。

（相続分の取戻権）
第９０５条　共同相続人の一人が遺産の分割前にその相続分を第三者に譲り渡したときは、他の共同相続人は、その価額及び費用を償還して、その相続分を譲り受けることができる。

②　前項の権利は、一箇月以内に行使しなければならない。

第三節　遺産の分割
（遺産の分割の基準）
第９０６条　遺産の分割は、遺産に属する物又は権利の種類及び性質、各相続人の年齢、職業、心身の状態及び生活の状況その他一切の事情を考慮してこれをする。

（遺産の分割前に遺産に属する財産が処分された場合の遺産の範囲）

第906条の2 遺産の分割前に遺産に属する財産が処分された場合であっても、共同相続人は、その全員の同意により、当該処分された財産が遺産の分割時に遺産として存在するものとみなすことができる。

② 前項の規定にかかわらず、共同相続人の一人又は数人により同項の財産が処分されたときは、当該共同相続人については、同項の同意を得ることを要しない。

（遺産の分割の協議又は審判）

第907条 共同相続人は、次条第1項の規定により被相続人が遺言で禁じた場合又は同条第2項の規定により分割をしない旨の契約をした場合を除き、いつでも、その協議で、遺産の全部又は一部の分割をすることができる。

② 遺産の分割について、共同相続人間に協議が調わないとき、又は協議をすることができないときは、各共同相続人は、その全部又は一部の分割を家庭裁判所に請求することができる。ただし、遺産の一部を分割することにより他の共同相続人の利益を害するおそれがある場合におけるその一部の分割については、この限りでない。

（遺産の分割の方法の指定及び遺産の分割の禁止）

第908条 被相続人は、遺言で、遺産の分割の方法を定め、若しくはこれを定めることを第三者に委託し、又は相続開始の時から五年を超えない期間を定めて、遺産の分割を禁ずることができる。

② 共同相続人は、五年以内の期間を定めて、遺産の全部又は一部について、その分割をしない旨の契約をすることができる。ただし、その期間の終期は、相続開始の時から十年を超えることができない。

③ 前項の契約は、五年以内の期間を定めて更新することができる。ただし、その期間の終期は、相続開始の時から十年を超えることができない。

④ 前条第2項本文の場合において特別の事由があるときは、家庭裁判所は、五年以内の期間を定めて、遺産の全部又は一部について、その分割を禁ずることができる。ただし、その期間の終期は、相続開始の時から十年を超えることができない。

⑤ 家庭裁判所は、五年以内の期間を定めて前項の期間を更新することができる。ただし、その期間の終期は、相続開始の時から十年を超えることができない。

（遺産の分割の効力）

第909条 遺産の分割は、相続開始の時にさかのぼってその効力を生ずる。ただし、第三者の権利を害することはできない。

（遺産の分割前における預貯金債権の行使）

第909条の2 各共同相続人は、遺産に属する預貯金債権のうち相続開始の時の債権額の三分の一に第900条及び第901条の規定により算定した当該共同相続人の相続分を乗じた額（標準的な当面の必要生計費、平均的な葬式の費用の額その他の事情を勘案して預貯金債権の債務者ごとに法務省令で定める額を限度とする。）については、単独でその権利を行使することができる。この場合において、当該権利の行使をした預貯金債権については、当該共同相続人が遺産の一部の分割によりこれを取得したものとみなす。

（相続の開始後に認知された者の価額の支払請求権）

第910条 相続の開始後認知によって相続人となった者が遺産の分割を請求しようとする

場合において、他の共同相続人が既にその分割その他の処分をしたときは、価額のみによる支払の請求権を有する。

（共同相続人間の担保責任）

第９１１条　各共同相続人は、他の共同相続人に対して、売主と同じく、その相続分に応じて担保の責任を負う。

（遺産の分割によって受けた債権についての担保責任）

第９１２条　各共同相続人は、その相続分に応じ、他の共同相続人が遺産の分割によって受けた債権について、その分割の時における債務者の資力を担保する。

②　弁済期に至らない債権及び停止条件付きの債権については、各共同相続人は、弁済をすべき時における債務者の資力を担保する。

（資力のない共同相続人がある場合の担保責任の分担）

第９１３条　担保の責任を負う共同相続人中に償還をする資力のない者があるときは、その償還することができない部分は、求償者及び他の資力のある者が、それぞれその相続分に応じて分担する。ただし、求償者に過失があるときは、他の共同相続人に対して分担を請求することができない。

（遺言による担保責任の定め）

第９１４条　前３条の規定は、被相続人が遺言で別段の意思を表示したときは、適用しない。

第四章　相続の承認及び放棄
第一節　総則
（相続の承認又は放棄をすべき期間）

第９１５条　相続人は、自己のために相続の開始があったことを知った時から三箇月以内に、✒

相続について、単純若しくは限定の承認又は放棄をしなければならない。ただし、この期間は、利害関係人又は検察官の請求によって、家庭裁判所において伸長することができる。

②　相続人は、相続の承認又は放棄をする前に、相続財産の調査をすることができる。

第９１６条　相続人が相続の承認又は放棄をしないで死亡したときは、前条第１項の期間は、その者の相続人が自己のために相続の開始があったことを知った時から起算する。

第９１７条　相続人が未成年者又は成年被後見人であるときは、第９１５条第１項の期間は、その法定代理人が未成年者又は成年被後見人のために相続の開始があったことを知った時から起算する。

（相続人による管理）

第９１８条　相続人は、その固有財産におけるのと同一の注意をもって、相続財産を管理しなければならない。ただし、相続の承認又は放棄をしたときは、この限りでない。

（相続の承認及び放棄の撤回及び取消し）

第９１９条　相続の承認及び放棄は、第９１５条第１項の期間内でも、撤回することができない。

②　前項の規定は、第一編（総則）及び前編（親族）の規定により相続の承認又は放棄の取消しをすることを妨げない。

③　前項の取消権は、追認をすることができる時から六箇月間行使しないときは、時効によって消滅する。相続の承認又は放棄の時から十年を経過したときも、同様とする。

④　第２項の規定により限定承認又は相続の放棄の取消しをしようとする者は、その旨を家庭裁判所に申述しなければならない。

第二節　相続の承認
第一款　単純承認
（単純承認の効力）

第920条　相続人は、単純承認をしたときは、無限に被相続人の権利義務を承継する。

（法定単純承認）

第921条　次に掲げる場合には、相続人は、単純承認をしたものとみなす。

一　相続人が相続財産の全部又は一部を処分したとき。ただし、保存行為及び第602条に定める期間を超えない賃貸をすることは、この限りでない。

二　相続人が第915条第1項の期間内に限定承認又は相続の放棄をしなかったとき。

三　相続人が、限定承認又は相続の放棄をした後であっても、相続財産の全部若しくは一部を隠匿し、私にこれを消費し、又は悪意でこれを相続財産の目録中に記載しなかったとき。ただし、その相続人が相続の放棄をしたことによって相続人となった者が相続の承認をした後は、この限りでない。

第二款　限定承認
（限定承認）

第922条　相続人は、相続によって得た財産の限度においてのみ被相続人の債務及び遺贈を弁済すべきことを留保して、相続の承認をすることができる。

（共同相続人の限定承認）

第923条　相続人が数人あるときは、限定承認は、共同相続人の全員が共同してのみこれをすることができる。

（限定承認の方式）

第924条　相続人は、限定承認をしようとするときは、第915条第1項の期間内に、相続✒

財産の目録を作成して家庭裁判所に提出し、限定承認をする旨を申述しなければならない。

（限定承認をしたときの権利義務）

第925条　相続人が限定承認をしたときは、その被相続人に対して有した権利義務は、消滅しなかったものとみなす。

（限定承認者による管理）

第926条　限定承認者は、その固有財産におけるのと同一の注意をもって、相続財産の管理を継続しなければならない。

②　第645条、第646条並びに第650条第1項及び第2項の規定は、前項の場合について準用する。

（相続債権者及び受遺者に対する公告及び催告）

第927条　限定承認者は、限定承認をした後五日以内に、すべての相続債権者（相続財産に属する債務の債権者をいう。以下同じ。）及び受遺者に対し、限定承認をしたこと及び一定の期間内にその請求の申出をすべき旨を公告しなければならない。この場合において、その期間は、二箇月を下ることができない。

②　前項の規定による公告には、相続債権者及び受遺者がその期間内に申出をしないときは弁済から除斥されるべき旨を付記しなければならない。ただし、限定承認者は、知れている相続債権者及び受遺者を除斥することができない。

③　限定承認者は、知れている相続債権者及び受遺者には、各別にその申出の催告をしなければならない。

④　第1項の規定による公告は、官報に掲載してする。

（公告期間満了前の弁済の拒絶）

第928条　限定承認者は、前条第1項の期間の満了前には、相続債権者及び受遺者に対して✒

弁済を拒むことができる。

（公告期間満了後の弁済）

第９２９条 第９２７条第１項の期間が満了した後は、限定承認者は、相続財産をもって、その期間内に同項の申出をした相続債権者その他知れている相続債権者に、それぞれその債権額の割合に応じて弁済をしなければならない。ただし、優先権を有する債権者の権利を害することはできない。

（期限前の債務等の弁済）

第９３０条 限定承認者は、弁済期に至らない債権であっても、前条の規定に従って弁済をしなければならない。

② 条件付きの債権又は存続期間の不確定な債権は、家庭裁判所が選任した鑑定人の評価に従って弁済をしなければならない。

（受遺者に対する弁済）

第９３１条 限定承認者は、前２条の規定に従って各相続債権者に弁済をした後でなければ、受遺者に弁済をすることができない。

（弁済のための相続財産の換価）

第９３２条 前３条の規定に従って弁済をするにつき相続財産を売却する必要があるときは、限定承認者は、これを競売に付さなければならない。ただし、家庭裁判所が選任した鑑定人の評価に従い相続財産の全部又は一部の価額を弁済して、その競売を止めることができる。

（相続債権者及び受遺者の換価手続への参加）

第９３３条 相続債権者及び受遺者は、自己の費用で、相続財産の競売又は鑑定に参加することができる。この場合においては、第２６０条第２項の規定を準用する。

（不当な弁済をした限定承認者の責任等）

第９３４条 限定承認者は、第９２７条の公告若しくは催告をすることを怠り、又は同条第１項の期間内に相続債権者若しくは受遺者に弁済をしたことによって他の相続債権者若しくは受遺者に弁済をすることができなくなったときは、これによって生じた損害を賠償する責任を負う。第９２９条から第９３１条までの規定に違反して弁済をしたときも、同様とする。

② 前項の規定は、情を知って不当に弁済を受けた相続債権者又は受遺者に対する他の相続債権者又は受遺者の求償を妨げない。

③ 第７２４条の規定は、前２項の場合について準用する。

（公告期間内に申出をしなかった相続債権者及び受遺者）

第９３５条 第９２７条第１項の期間内に同項の申出をしなかった相続債権者及び受遺者で限定承認者に知れなかったものは、残余財産についてのみその権利を行使することができる。ただし、相続財産について特別担保を有する者は、この限りでない。

（相続人が数人ある場合の相続財産の清算人）

第９３６条 相続人が数人ある場合には、家庭裁判所は、相続人の中から、相続財産の清算人を選任しなければならない。

② 前項の相続財産の清算人は、相続人のために、これに代わって、相続財産の管理及び債務の弁済に必要な一切の行為をする。

③ 第９２６条から前条までの規定は、第１項の相続財産の清算人について準用する。この場合において、第９２７条第１項中「限定承認をした後五日以内」とあるのは、「その相続財産の清算人の選任があった後十日以内」と読み替えるものとする。

（法定単純承認の事由がある場合の相続債権者）

第937条 限定承認をした共同相続人の一人又は数人について第921条第一号又は第三号に掲げる事由があるときは、相続債権者は、相続財産をもって弁済を受けることができなかった債権額について、当該共同相続人に対し、その相続分に応じて権利を行使することができる。

第三節　相続の放棄

（相続の放棄の方式）

第938条 相続の放棄をしようとする者は、その旨を家庭裁判所に申述しなければならない。

（相続の放棄の効力）

第939条 相続の放棄をした者は、その相続に関しては、初めから相続人とならなかったものとみなす。

（相続の放棄をした者による管理）

第940条 相続の放棄をした者は、その放棄の時に相続財産に属する財産を現に占有しているときは、相続人又は第952条第1項の相続財産の清算人に対して当該財産を引き渡すまでの間、自己の財産におけるのと同一の注意をもって、その財産を保存しなければならない。

② 第645条、第646条並びに第650条第1項及び第2項の規定は、前項の場合について準用する。

第五章　財産分離

（相続債権者又は受遺者の請求による財産分離）

第941条 相続債権者又は受遺者は、相続開始の時から三箇月以内に、相続人の財産の中から相続財産を分離することを家庭裁判所に請求することができる。相続財産が相続人の固有財産と混合しない間は、その期間の満了後も、同様とする。

② 家庭裁判所が前項の請求によって財産分離を命じたときは、その請求をした者は、五日以内に、他の相続債権者及び受遺者に対し、財産分離の命令があったこと及び一定の期間内に配当加入の申出をすべき旨を公告しなければならない。この場合において、その期間は、二箇月を下ることができない。

③ 前項の規定による公告は、官報に掲載してする。

（財産分離の効力）

第942条 財産分離の請求をした者及び前条第2項の規定により配当加入の申出をした者は、相続財産について、相続人の債権者に先立って弁済を受ける。

（財産分離の請求後の相続財産の管理）

第943条 財産分離の請求があったときは、家庭裁判所は、相続財産の管理について必要な処分を命ずることができる。

② 第27条から第29条までの規定は、前項の規定により家庭裁判所が相続財産の管理人を選任した場合について準用する。

（財産分離の請求後の相続人による管理）

第944条 相続人は、単純承認をした後でも、財産分離の請求があったときは、以後、その固有財産におけるのと同一の注意をもって、相続財産の管理をしなければならない。ただし、家庭裁判所が相続財産の管理人を選任したときは、この限りでない。

② 第645条から第647条まで並びに第650条第1項及び第2項の規定は、前項の場合について準用する。

（不動産についての財産分離の対抗要件）

第945条 財産分離は、不動産については、その登記をしなければ、第三者に対抗すること

ができない。

（物上代位の規定の準用）
第９４６条　第３０４条の規定は、財産分離の場合について準用する。

（相続債権者及び受遺者に対する弁済）
第９４７条　相続人は、第９４１条第１項及び第２項の期間の満了前には、相続債権者及び受遺者に対して弁済を拒むことができる。
②　財産分離の請求があったときは、相続人は、第９４１条第２項の期間の満了後に、相続財産をもって、財産分離の請求又は配当加入の申出をした相続債権者及び受遺者に、それぞれその債権額の割合に応じて弁済をしなければならない。ただし、優先権を有する債権者の権利を害することはできない。
③　第９３０条から第９３４条までの規定は、前項の場合について準用する。

（相続人の固有財産からの弁済）
第９４８条　財産分離の請求をした者及び配当加入の申出をした者は、相続財産をもって全部の弁済を受けることができなかった場合に限り、相続人の固有財産についてその権利を行使することができる。この場合においては、相続人の債権者は、その者に先立って弁済を受けることができる。

（財産分離の請求の防止等）
第９４９条　相続人は、その固有財産をもって相続債権者若しくは受遺者に弁済をし、又はこれに相当の担保を供して、財産分離の請求を防止し、又はその効力を消滅させることができる。ただし、相続人の債権者が、これによって損害を受けるべきことを証明して、異議を述べたときは、この限りでない。

（相続人の債権者の請求による財産分離）
第９５０条　相続人が限定承認をすることができる間又は相続財産が相続人の固有財産と混合しない間は、相続人の債権者は、家庭裁判所に対して財産分離の請求をすることができる。
②　第３０４条、第９２５条、第９２７条から第９３４条まで、第９４３条から第９４５条まで及び第９４８条の規定は、前項の場合について準用する。ただし、第９２７条の公告及び催告は、財産分離の請求をした債権者がしなければならない。

第六章　相続人の不存在
（相続財産法人の成立）
第９５１条　相続人のあることが明らかでないときは、相続財産は、法人とする。

（相続財産の清算人の選任）
第９５２条　前条の場合には、家庭裁判所は、利害関係人又は検察官の請求によって、相続財産の清算人を選任しなければならない。
②　前項の規定により相続財産の清算人を選任したときは、家庭裁判所は、遅滞なく、その旨及び相続人があるならば一定の期間内にその権利を主張すべき旨を公告しなければならない。この場合において、その期間は、六箇月を下ることができない。

（不在者の財産の管理人に関する規定の準用）
第９５３条　第２７条から第２９条までの規定は、前条第１項の相続財産の清算人（以下この章において単に「相続財産の清算人」という。）について準用する。

（相続財産の清算人の報告）
第９５４条　相続財産の清算人は、相続債権者又は受遺者の請求があるときは、その請求をした者に相続財産の状況を報告しなければならない。

（相続財産法人の不成立）

第955条　相続人のあることが明らかになったときは、第951条の法人は、成立しなかったものとみなす。ただし、相続財産の清算人がその権限内でした行為の効力を妨げない。

（相続財産の清算人の代理権の消滅）

第956条　相続財産の清算人の代理権は、相続人が相続の承認をした時に消滅する。

②　前項の場合には、相続財産の清算人は、遅滞なく相続人に対して清算に係る計算をしなければならない。

（相続債権者及び受遺者に対する弁済）

第957条　第952条第2項の公告があったときは、相続財産の清算人は、全ての相続債権者及び受遺者に対し、二箇月以上の期間を定めて、その期間内にその請求の申出をすべき旨を公告しなければならない。この場合において、その期間は、同項の規定により相続人が権利を主張すべき期間として家庭裁判所が公告した期間内に満了するものでなければならない。

②　第927条第2項から第4項まで及び第928条から第935条まで（第932条ただし書を除く。）の規定は、前項の場合について準用する。

（権利を主張する者がない場合）

第958条　第952条第2項の期間内に相続人としての権利を主張する者がないときは、相続人並びに相続財産の清算人に知れなかった相続債権者及び受遺者は、その権利を行使することができない。

（特別縁故者に対する相続財産の分与）

第958条の2　前条の場合において、相当と認めるときは、家庭裁判所は、被相続人と生計 ✎

を同じくしていた者、被相続人の療養看護に努めた者その他被相続人と特別の縁故があった者の請求によって、これらの者に、清算後残存すべき相続財産の全部又は一部を与えることができる。

②　前項の請求は、第952条第2項の期間の満了後三箇月以内にしなければならない。

（残余財産の国庫への帰属）

第959条　前条の規定により処分されなかった相続財産は、国庫に帰属する。この場合においては、第956条第2項の規定を準用する。

第七章　遺言
第一節　総則

（遺言の方式）

第960条　遺言は、この法律に定める方式に従わなければ、することができない。

（遺言能力）

第961条　十五歳に達した者は、遺言をすることができる。

第962条　第5条、第9条、第13条及び第17条の規定は、遺言については、適用しない。

第963条　遺言者は、遺言をする時においてその能力を有しなければならない。

（包括遺贈及び特定遺贈）

第964条　遺言者は、包括又は特定の名義で、その財産の全部又は一部を処分することができる。

（相続人に関する規定の準用）

第965条　第886条及び第891条の規定は、受遺者について準用する。

（被後見人の遺言の制限）

第966条 被後見人が、後見の計算の終了前に、後見人又はその配偶者若しくは直系卑属の利益となるべき遺言をしたときは、その遺言は、無効とする。

② 前項の規定は、直系血族、配偶者又は兄弟姉妹が後見人である場合には、適用しない。

第二節 遺言の方式
第一款 普通の方式

（普通の方式による遺言の種類）

第967条 遺言は、自筆証書、公正証書又は秘密証書によってしなければならない。ただし、特別の方式によることを許す場合は、この限りでない。

（自筆証書遺言）

第968条 自筆証書によって遺言をするには、遺言者が、その全文、日付及び氏名を自書し、これに印を押さなければならない。

② 前項の規定にかかわらず、自筆証書にこれと一体のものとして相続財産（第997条第1項に規定する場合における同項に規定する権利を含む。）の全部又は一部の目録を添付する場合には、その目録については、自書することを要しない。この場合において、遺言者は、その目録の毎葉（自書によらない記載がその両面にある場合にあっては、その両面）に署名し、印を押さなければならない。

③ 自筆証書（前項の目録を含む。）中の加除その他の変更は、遺言者が、その場所を指示し、これを変更した旨を付記して特にこれに署名し、かつ、その変更の場所に印を押さなければ、その効力を生じない。

（公正証書遺言）

第969条 公正証書によって遺言をするには、次に掲げる方式に従わなければならない。

一 証人二人以上の立会いがあること。

二 遺言者が遺言の趣旨を公証人に口授すること。

三 公証人が、遺言者の口述を筆記し、これを遺言者及び証人に読み聞かせ、又は閲覧させること。

四 遺言者及び証人が、筆記の正確なことを承認した後、各自これに署名し、印を押すこと。ただし、遺言者が署名することができない場合は、公証人がその事由を付記して、署名に代えることができる。

五 公証人が、その証書は前各号に掲げる方式に従って作ったものである旨を付記して、これに署名し、印を押すこと。

（公正証書遺言の方式の特則）

第969条の2 口がきけない者が公正証書によって遺言をする場合には、遺言者は、公証人及び証人の前で、遺言の趣旨を通訳人の通訳により申述し、又は自書して、前条第二号の口授に代えなければならない。この場合における同条第三号の規定の適用については、同号中「口述」とあるのは、「通訳人の通訳による申述又は自書」とする。

② 前条の遺言者又は証人が耳が聞こえない者である場合には、公証人は、同条第三号に規定する筆記した内容を通訳人の通訳により遺言者又は証人に伝えて、同号の読み聞かせに代えることができる。

③ 公証人は、前2項に定める方式に従って公正証書を作ったときは、その旨をその証書に付記しなければならない。

（秘密証書遺言）

第９７０条　秘密証書によって遺言をするには、次に掲げる方式に従わなければならない。

一　遺言者が、その証書に署名し、印を押すこと。

二　遺言者が、その証書を封じ、証書に用いた印章をもってこれに封印すること。

三　遺言者が、公証人一人及び証人二人以上の前に封書を提出して、自己の遺言書である旨並びにその筆者の氏名及び住所を申述すること。

四　公証人が、その証書を提出した日付及び遺言者の申述を封紙に記載した後、遺言者及び証人とともにこれに署名し、印を押すこと。

②　第９６８条第３項の規定は、秘密証書による遺言について準用する。

（方式に欠ける秘密証書遺言の効力）

第９７１条　秘密証書による遺言は、前条に定める方式に欠けるものがあっても、第９６８条に定める方式を具備しているときは、自筆証書による遺言としてその効力を有する。

（秘密証書遺言の方式の特則）

第９７２条　口がきけない者が秘密証書によって遺言をする場合には、遺言者は、公証人及び証人の前で、その証書は自己の遺言書である旨並びにその筆者の氏名及び住所を通訳人の通訳により申述し、又は封紙に自書して、第９７０条第１項第三号の申述に代えなければならない。

②　前項の場合において、遺言者が通訳人の通訳により申述したときは、公証人は、その旨を封紙に記載しなければならない。

③　第１項の場合において、遺言者が封紙に自書したときは、公証人は、その旨を封紙に記載して、第９７０条第１項第四号に規定する申述✒

の記載に代えなければならない。

（成年被後見人の遺言）

第９７３条　成年被後見人が事理を弁識する能力を一時回復した時において遺言をするには、医師二人以上の立会いがなければならない。

②　遺言に立ち会った医師は、遺言者が遺言をする時において精神上の障害により事理を弁識する能力を欠く状態になかった旨を遺言書に付記して、これに署名し、印を押さなければならない。ただし、秘密証書による遺言にあっては、その封紙にその旨の記載をし、署名し、印を押さなければならない。

（証人及び立会人の欠格事由）

第９７４条　次に掲げる者は、遺言の証人又は立会人となることができない。

一　未成年者

二　推定相続人及び受遺者並びにこれらの配偶者及び直系血族

三　公証人の配偶者、四親等内の親族、書記及び使用人

（共同遺言の禁止）

第９７５条　遺言は、二人以上の者が同一の証書ですることができない。

第二款　特別の方式
（死亡の危急に迫った者の遺言）

第９７６条　疾病その他の事由によって死亡の危急に迫った者が遺言をしようとするときは、証人三人以上の立会いをもって、その一人に遺言の趣旨を口授して、これをすることができる。この場合においては、その口授を受けた者が、これを筆記して、遺言者及び他の証人に読み聞かせ、又は閲覧させ、各証人がその筆記の正確なことを承認した後、これに署名し、印を押さなければならない。✒

② 口がきけない者が前項の規定により遺言をする場合には、遺言者は、証人の前で、遺言の趣旨を通訳人の通訳により申述して、同項の口授に代えなければならない。

③ 第1項後段の遺言者又は他の証人が耳が聞こえない者である場合には、遺言の趣旨の口授又は申述を受けた者は、同項後段に規定する筆記した内容を通訳人の通訳によりその遺言者又は他の証人に伝えて、同項後段の読み聞かせに代えることができる。

④ 前3項の規定によりした遺言は、遺言の日から二十日以内に、証人の一人又は利害関係人から家庭裁判所に請求してその確認を得なければ、その効力を生じない。

⑤ 家庭裁判所は、前項の遺言が遺言者の真意に出たものであるとの心証を得なければ、これを確認することができない。

（伝染病隔離者の遺言）
第977条 伝染病のため行政処分によって交通を断たれた場所に在る者は、警察官一人及び証人一人以上の立会いをもって遺言書を作ることができる。

（在船者の遺言）
第978条 船舶中に在る者は、船長又は事務員一人及び証人二人以上の立会いをもって遺言書を作ることができる。

（船舶遭難者の遺言）
第979条 船舶が遭難した場合において、当該船舶中に在って死亡の危急に迫った者は、証人二人以上の立会いをもって口頭で遺言をすることができる。

② 口がきけない者が前項の規定により遺言をする場合には、遺言者は、通訳人の通訳によりこれをしなければならない。

③ 前2項の規定に従ってした遺言は、証人が、

その趣旨を筆記して、これに署名し、印を押し、かつ、証人の一人又は利害関係人から遅滞なく家庭裁判所に請求してその確認を得なければ、その効力を生じない。

④ 第976条第5項の規定は、前項の場合について準用する。

（遺言関係者の署名及び押印）
第980条 第977条及び第978条の場合には、遺言者、筆者、立会人及び証人は、各自遺言書に署名し、印を押さなければならない。

（署名又は押印が不能の場合）
第981条 第977条から第979条までの場合において、署名又は印を押すことのできない者があるときは、立会人又は証人は、その事由を付記しなければならない。

（普通の方式による遺言の規定の準用）
第982条 第968条第3項及び第973条から第975条までの規定は、第976条から前条までの規定による遺言について準用する。

（特別の方式による遺言の効力）
第983条 第976条から前条までの規定によりした遺言は、遺言者が普通の方式によって遺言をすることができるようになった時から六箇月間生存するときは、その効力を生じない。

（外国に在る日本人の遺言の方式）
第984条 日本の領事の駐在する地に在る日本人が公正証書又は秘密証書によって遺言をしようとするときは、公証人の職務は、領事が行う。この場合においては、第969条第四号又は第970条第1項第四号の規定にかかわらず、遺言者及び証人は、第969条第四号又は第970条第1項第四号の印を押すことを要しない。

第三節　遺言の効力

（遺言の効力の発生時期）

第985条　遺言は、遺言者の死亡の時からその効力を生ずる。

②　遺言に停止条件を付した場合において、その条件が遺言者の死亡後に成就したときは、遺言は、条件が成就した時からその効力を生ずる。

（遺贈の放棄）

第986条　受遺者は、遺言者の死亡後、いつでも、遺贈の放棄をすることができる。

②　遺贈の放棄は、遺言者の死亡の時にさかのぼってその効力を生ずる。

（受遺者に対する遺贈の承認又は放棄の催告）

第987条　遺贈義務者（遺贈の履行をする義務を負う者をいう。以下この節において同じ。）その他の利害関係人は、受遺者に対し、相当の期間を定めて、その期間内に遺贈の承認又は放棄をすべき旨の催告をすることができる。この場合において、受遺者がその期間内に遺贈義務者に対してその意思を表示しないときは、遺贈を承認したものとみなす。

（受遺者の相続人による遺贈の承認又は放棄）

第988条　受遺者が遺贈の承認又は放棄をしないで死亡したときは、その相続人は、自己の相続権の範囲内で、遺贈の承認又は放棄をすることができる。ただし、遺言者がその遺言に別段の意思を表示したときは、その意思に従う。

（遺贈の承認及び放棄の撤回及び取消し）

第989条　遺贈の承認及び放棄は、撤回することができない。

②　第919条第2項及び第3項の規定は、遺贈の承認及び放棄について準用する。

（包括受遺者の権利義務）

第990条　包括受遺者は、相続人と同一の権利義務を有する。

（受遺者による担保の請求）

第991条　受遺者は、遺贈が弁済期に至らない間は、遺贈義務者に対して相当の担保を請求することができる。停止条件付きの遺贈についてその条件の成否が未定である間も、同様とする。

（受遺者による果実の取得）

第992条　受遺者は、遺贈の履行を請求することができる時から果実を取得する。ただし、遺言者がその遺言に別段の意思を表示したときは、その意思に従う。

（遺贈義務者による費用の償還請求）

第993条　第299条の規定は、遺贈義務者が遺言者の死亡後に遺贈の目的物について費用を支出した場合について準用する。

②　果実を収取するために支出した通常の必要費は、果実の価格を超えない限度で、その償還を請求することができる。

（受遺者の死亡による遺贈の失効）

第994条　遺贈は、遺言者の死亡以前に受遺者が死亡したときは、その効力を生じない。

②　停止条件付きの遺贈については、受遺者がその条件の成就前に死亡したときも、前項と同様とする。ただし、遺言者がその遺言に別段の意思を表示したときは、その意思に従う。

（遺贈の無効又は失効の場合の財産の帰属）

第995条　遺贈が、その効力を生じないとき、又は放棄によってその効力を失ったときは、受遺者が受けるべきであったものは、相続人に帰属する。ただし、遺言者がその遺言に別段の意思を表示したときは、その意思に従う。

（相続財産に属しない権利の遺贈）

第996条 遺贈は、その目的である権利が遺言者の死亡の時において相続財産に属しなかったときは、その効力を生じない。ただし、その権利が相続財産に属するかどうかにかかわらず、これを遺贈の目的としたものと認められるときは、この限りでない。

第997条 相続財産に属しない権利を目的とする遺贈が前条ただし書の規定により有効であるときは、遺贈義務者は、その権利を取得して受遺者に移転する義務を負う。

② 前項の場合において、同項に規定する権利を取得することができないとき、又はこれを取得するについて過分の費用を要するときは、遺贈義務者は、その価額を弁償しなければならない。ただし、遺言者がその遺言に別段の意思を表示したときは、その意思に従う。

（遺贈義務者の引渡義務）

第998条 遺贈義務者は、遺贈の目的である物又は権利を、相続開始の時（その後に当該物又は権利について遺贈の目的として特定した場合にあっては、その特定した時）の状態で引き渡し、又は移転する義務を負う。ただし、遺言者がその遺言に別段の意思を表示したときは、その意思に従う。

（遺贈の物上代位）

第999条 遺言者が、遺贈の目的物の滅失若しくは変造又はその占有の喪失によって第三者に対して償金を請求する権利を有するときは、その権利を遺贈の目的としたものと推定する。

② 遺贈の目的物が、他の物と付合し、又は混和した場合において、遺言者が第243条から第245条までの規定により合成物又は混和物の単独所有者又は共有者となったときは、その全部の所有権又は持分を遺贈の目的としたもの

と推定する。

第1000条 削除

（債権の遺贈の物上代位）

第1001条 債権を遺贈の目的とした場合において、遺言者が弁済を受け、かつ、その受け取った物がなお相続財産中に在るときは、その物を遺贈の目的としたものと推定する。

② 金銭を目的とする債権を遺贈の目的とした場合においては、相続財産中にその債権額に相当する金銭がないときであっても、その金額を遺贈の目的としたものと推定する。

（負担付遺贈）

第1002条 負担付遺贈を受けた者は、遺贈の目的の価額を超えない限度においてのみ、負担した義務を履行する責任を負う。

② 受遺者が遺贈の放棄をしたときは、負担の利益を受けるべき者は、自ら受遺者となることができる。ただし、遺言者がその遺言に別段の意思を表示したときは、その意思に従う。

（負担付遺贈の受遺者の免責）

第1003条 負担付遺贈の目的の価額が相続の限定承認又は遺留分回復の訴えによって減少したときは、受遺者は、その減少の割合に応じて、その負担した義務を免れる。ただし、遺言者がその遺言に別段の意思を表示したときは、その意思に従う。

第四節　遺言の執行

（遺言書の検認）

第1004条 遺言書の保管者は、相続の開始を知った後、遅滞なく、これを家庭裁判所に提出して、その検認を請求しなければならない。遺言書の保管者がない場合において、相続人が遺言書を発見した後も、同様とする。

② 前項の規定は、公正証書による遺言については、適用しない。

③ 封印のある遺言書は、家庭裁判所において相続人又はその代理人の立会いがなければ、開封することができない。

（過料）

第1005条 前条の規定により遺言書を提出することを怠り、その検認を経ないで遺言を執行し、又は家庭裁判所外においてその開封をした者は、五万円以下の過料に処する。

（遺言執行者の指定）

第1006条 遺言者は、遺言で、一人又は数人の遺言執行者を指定し、又はその指定を第三者に委託することができる。

② 遺言執行者の指定の委託を受けた者は、遅滞なく、その指定をして、これを相続人に通知しなければならない。

③ 遺言執行者の指定の委託を受けた者がその委託を辞そうとするときは、遅滞なくその旨を相続人に通知しなければならない。

（遺言執行者の任務の開始）

第1007条 遺言執行者が就職を承諾したときは、直ちにその任務を行わなければならない。

② 遺言執行者は、その任務を開始したときは、遅滞なく、遺言の内容を相続人に通知しなければならない。

（遺言執行者に対する就職の催告）

第1008条 相続人その他の利害関係人は、遺言執行者に対し、相当の期間を定めて、その期間内に就職を承諾するかどうかを確答すべき旨の催告をすることができる。この場合において、遺言執行者が、その期間内に相続人に対して確答をしないときは、就職を承諾したものとみなす。

（遺言執行者の欠格事由）

第1009条 未成年者及び破産者は、遺言執行者となることができない。

（遺言執行者の選任）

第1010条 遺言執行者がないとき、又はなくなったときは、家庭裁判所は、利害関係人の請求によって、これを選任することができる。

（相続財産の目録の作成）

第1011条 遺言執行者は、遅滞なく、相続財産の目録を作成して、相続人に交付しなければならない。

② 遺言執行者は、相続人の請求があるときは、その立会いをもって相続財産の目録を作成し、又は公証人にこれを作成させなければならない。

（遺言執行者の権利義務）

第1012条 遺言執行者は、遺言の内容を実現するため、相続財産の管理その他遺言の執行に必要な一切の行為をする権利義務を有する。

② 遺言執行者がある場合には、遺贈の履行は、遺言執行者のみが行うことができる。

③ 第644条、第645条から第647条まで及び第650条の規定は、遺言執行者について準用する。

（遺言の執行の妨害行為の禁止）

第1013条 遺言執行者がある場合には、相続人は、相続財産の処分その他遺言の執行を妨げるべき行為をすることができない。

② 前項の規定に違反してした行為は、無効とする。ただし、これをもって善意の第三者に対抗することができない。

③ 前2項の規定は、相続人の債権者（相続債権者を含む。）が相続財産についてその権利を行使することを妨げない。

（特定財産に関する遺言の執行）

第１０１４条　前３条の規定は、遺言が相続財産のうち特定の財産に関する場合には、その財産についてのみ適用する。

②　遺産の分割の方法の指定として遺産に属する特定の財産を共同相続人の一人又は数人に承継させる旨の遺言（以下「特定財産承継遺言」という。）があったときは、遺言執行者は、当該共同相続人が第８９９条の２第１項に規定する対抗要件を備えるために必要な行為をすることができる。

③　前項の財産が預貯金債権である場合には、遺言執行者は、同項に規定する行為のほか、その預金又は貯金の払戻しの請求及びその預金又は貯金に係る契約の解約の申入れをすることができる。ただし、解約の申入れについては、その預貯金債権の全部が特定財産承継遺言の目的である場合に限る。

④　前２項の規定にかかわらず、被相続人が遺言で別段の意思を表示したときは、その意思に従う。

（遺言執行者の行為の効果）

第１０１５条　遺言執行者がその権限内において遺言執行者であることを示してした行為は、相続人に対して直接にその効力を生ずる。

（遺言執行者の復任権）

第１０１６条　遺言執行者は、自己の責任で第三者にその任務を行わせることができる。ただし、遺言者がその遺言に別段の意思を表示したときは、その意思に従う。

②　前項本文の場合において、第三者に任務を行わせることについてやむを得ない事由があるときは、遺言執行者は、相続人に対してその選任及び監督についての責任のみを負う。

（遺言執行者が数人ある場合の任務の執行）

第１０１７条　遺言執行者が数人ある場合には、その任務の執行は、過半数で決する。ただし、遺言者がその遺言に別段の意思を表示したときは、その意思に従う。

②　各遺言執行者は、前項の規定にかかわらず、保存行為をすることができる。

（遺言執行者の報酬）

第１０１８条　家庭裁判所は、相続財産の状況その他の事情によって遺言執行者の報酬を定めることができる。ただし、遺言者がその遺言に報酬を定めたときは、この限りでない。

②　第６４８条第２項及び第３項並びに第６４８条の２の規定は、遺言執行者が報酬を受けるべき場合について準用する。

（遺言執行者の解任及び辞任）

第１０１９条　遺言執行者がその任務を怠ったときその他正当な事由があるときは、利害関係人は、その解任を家庭裁判所に請求することができる。

②　遺言執行者は、正当な事由があるときは、家庭裁判所の許可を得て、その任務を辞することができる。

（委任の規定の準用）

第１０２０条　第６５４条及び第６５５条の規定は、遺言執行者の任務が終了した場合について準用する。

（遺言の執行に関する費用の負担）

第１０２１条　遺言の執行に関する費用は、相続財産の負担とする。ただし、これによって遺留分を減ずることができない。

第五節　遺言の撤回及び取消し

（遺言の撤回）

第1022条　遺言者は、いつでも、遺言の方式に従って、その遺言の全部又は一部を撤回することができる。

（前の遺言と後の遺言との抵触等）

第1023条　前の遺言が後の遺言と抵触するときは、その抵触する部分については、後の遺言で前の遺言を撤回したものとみなす。

②　前項の規定は、遺言が遺言後の生前処分その他の法律行為と抵触する場合について準用する。

（遺言書又は遺贈の目的物の破棄）

第1024条　遺言者が故意に遺言書を破棄したときは、その破棄した部分については、遺言を撤回したものとみなす。遺言者が故意に遺贈の目的物を破棄したときも、同様とする。

（撤回された遺言の効力）

第1025条　前3条の規定により撤回された遺言は、その撤回の行為が、撤回され、取り消され、又は効力を生じなくなるに至ったときであっても、その効力を回復しない。ただし、その行為が錯誤、詐欺又は強迫による場合は、この限りでない。

（遺言の撤回権の放棄の禁止）

第1026条　遺言者は、その遺言を撤回する権利を放棄することができない。

（負担付遺贈に係る遺言の取消し）

第1027条　負担付遺贈を受けた者がその負担した義務を履行しないときは、相続人は、相当の期間を定めてその履行の催告をすることができる。この場合において、その期間内に履行がないときは、その負担付遺贈に係る遺言の取消しを家庭裁判所に請求することができる。

第八章　配偶者の居住の権利

第一節　配偶者居住権

（配偶者居住権）

第1028条　被相続人の配偶者（以下この章において単に「配偶者」という。）は、被相続人の財産に属した建物に相続開始の時に居住していた場合において、次の各号のいずれかに該当するときは、その居住していた建物（以下この節において「居住建物」という。）の全部について無償で使用及び収益をする権利（以下この章において「配偶者居住権」という。）を取得する。ただし、被相続人が相続開始の時に居住建物を配偶者以外の者と共有していた場合にあっては、この限りでない。

一　遺産の分割によって配偶者居住権を取得するものとされたとき。

二　配偶者居住権が遺贈の目的とされたとき。

②　居住建物が配偶者の財産に属することとなった場合であっても、他の者がその共有持分を有するときは、配偶者居住権は、消滅しない。

③　第903条第4項の規定は、配偶者居住権の遺贈について準用する。

（審判による配偶者居住権の取得）

第1029条　遺産の分割の請求を受けた家庭裁判所は、次に掲げる場合に限り、配偶者が配偶者居住権を取得する旨を定めることができる。

一　共同相続人間に配偶者が配偶者居住権を取得することについて合意が成立しているとき。

二　配偶者が家庭裁判所に対して配偶者居住権の取得を希望する旨を申し出た場合において、居住建物の所有者の受ける不利益の程度を考慮してもなお配偶者の生活を維持するために特に必要があると認めるとき（前号に掲げる場合を除く。）。

（配偶者居住権の存続期間）

第１０３０条　配偶者居住権の存続期間は、配偶者の終身の間とする。ただし、遺産の分割の協議若しくは遺言に別段の定めがあるとき、又は家庭裁判所が遺産の分割の審判において別段の定めをしたときは、その定めるところによる。

（配偶者居住権の登記等）

第１０３１条　居住建物の所有者は、配偶者（配偶者居住権を取得した配偶者に限る。以下この節において同じ。）に対し、配偶者居住権の設定の登記を備えさせる義務を負う。

②　第６０５条の規定は配偶者居住権について、第６０５条の４の規定は配偶者居住権の設定の登記を備えた場合について準用する。

（配偶者による使用及び収益）

第１０３２条　配偶者は、従前の用法に従い、善良な管理者の注意をもって、居住建物の使用及び収益をしなければならない。ただし、従前居住の用に供していなかった部分について、これを居住の用に供することを妨げない。

②　配偶者居住権は、譲渡することができない。

③　配偶者は、居住建物の所有者の承諾を得なければ、居住建物の改築若しくは増築をし、又は第三者に居住建物の使用若しくは収益をさせることができない。

④　配偶者が第１項又は前項の規定に違反した場合において、居住建物の所有者が相当の期間を定めてその是正の催告をし、その期間内に是正がされないときは、居住建物の所有者は、当該配偶者に対する意思表示によって配偶者居住権を消滅させることができる。

（居住建物の修繕等）

第１０３３条　配偶者は、居住建物の使用及び✐

収益に必要な修繕をすることができる。

②　居住建物の修繕が必要である場合において、配偶者が相当の期間内に必要な修繕をしないときは、居住建物の所有者は、その修繕をすることができる。

③　居住建物が修繕を要するとき（第１項の規定により配偶者が自らその修繕をするときを除く。）、又は居住建物について権利を主張する者があるときは、配偶者は、居住建物の所有者に対し、遅滞なくその旨を通知しなければならない。ただし、居住建物の所有者が既にこれを知っているときは、この限りでない。

（居住建物の費用の負担）

第１０３４条　配偶者は、居住建物の通常の必要費を負担する。

②　第５８３条第２項の規定は、前項の通常の必要費以外の費用について準用する。

（居住建物の返還等）

第１０３５条　配偶者は、配偶者居住権が消滅したときは、居住建物の返還をしなければならない。ただし、配偶者が居住建物について共有持分を有する場合は、居住建物の所有者は、配偶者居住権が消滅したことを理由としては、居住建物の返還を求めることができない。

②　第５９９条第１項及び第２項並びに第６２１条の規定は、前項本文の規定により配偶者が相続の開始後に附属させた物がある居住建物又は相続の開始後に生じた損傷がある居住建物の返還をする場合について準用する。

（使用貸借及び賃貸借の規定の準用）

第１０３６条　第５９７条第１項及び第３項、第６００条、第６１３条並びに第６１６条の２の規定は、配偶者居住権について準用する。

第二節　配偶者短期居住権

（配偶者短期居住権）

第１０３７条　配偶者は、被相続人の財産に属した建物に相続開始の時に無償で居住していた場合には、次の各号に掲げる区分に応じてそれぞれ当該各号に定める日までの間、その居住していた建物（以下この節において「居住建物」という。）の所有権を相続又は遺贈により取得した者（以下この節において「居住建物取得者」という。）に対し、居住建物について無償で使用する権利（居住建物の一部のみを無償で使用していた場合にあっては、その部分について無償で使用する権利。以下この節において「配偶者短期居住権」という。）を有する。ただし、配偶者が、相続開始の時において居住建物に係る配偶者居住権を取得したとき、又は第８９１条の規定に該当し若しくは廃除によってその相続権を失ったときは、この限りでない。

一　居住建物について配偶者を含む共同相続人間で遺産の分割をすべき場合
　　遺産の分割により居住建物の帰属が確定した日又は相続開始の時から六箇月を経過する日のいずれか遅い日

二　前号に掲げる場合以外の場合
　　第３項の申入れの日から六箇月を経過する日

②　前項本文の場合においては、居住建物取得者は、第三者に対する居住建物の譲渡その他の方法により配偶者の居住建物の使用を妨げてはならない。

③　居住建物取得者は、第１項第一号に掲げる場合を除くほか、いつでも配偶者短期居住権の消滅の申入れをすることができる。

（配偶者による使用）

第１０３８条　配偶者（配偶者短期居住権を有する配偶者に限る。以下この節において同じ。）は、従前の用法に従い、善良な管理者の注意をもって、居住建物の使用をしなければならない。↙

②　配偶者は、居住建物取得者の承諾を得なければ、第三者に居住建物の使用をさせることができない。

③　配偶者が前２項の規定に違反したときは、居住建物取得者は、当該配偶者に対する意思表示によって配偶者短期居住権を消滅させることができる。

（配偶者居住権の取得による配偶者短期居住権の消滅）

第１０３９条　配偶者が居住建物に係る配偶者居住権を取得したときは、配偶者短期居住権は、消滅する。

（居住建物の返還等）

第１０４０条　配偶者は、前条に規定する場合を除き、配偶者短期居住権が消滅したときは、居住建物の返還をしなければならない。ただし、配偶者が居住建物について共有持分を有する場合は、居住建物取得者は、配偶者短期居住権が消滅したことを理由としては、居住建物の返還を求めることができない。

②　第５９９条第１項及び第２項並びに第６２１条の規定は、前項本文の規定により配偶者が相続の開始後に附属させた物がある居住建物又は相続の開始後に生じた損傷がある居住建物の返還をする場合について準用する。

（使用貸借等の規定の準用）

第１０４１条　第５９７条第３項、第６００条、第６１６条の２、第１０３２条第２項、第１０３３条及び第１０３４条の規定は、配偶者短期居住権について準用する。

第九章　遺留分

（遺留分の帰属及びその割合）

第１０４２条　兄弟姉妹以外の相続人は、遺留分として、次条第１項に規定する遺留分を算定↙

するための財産の価額に、次の各号に掲げる区分に応じてそれぞれ当該各号に定める割合を乗じた額を受ける。

一　直系尊属のみが相続人である場合

　　　三分の一

二　前号に掲げる場合以外の場合

　　　二分の一

②　相続人が数人ある場合には、前項各号に定める割合は、これらに第９００条及び第９０１条の規定により算定したその各自の相続分を乗じた割合とする。

（遺留分を算定するための財産の価額）

第１０４３条　遺留分を算定するための財産の価額は、被相続人が相続開始の時において有した財産の価額にその贈与した財産の価額を加えた額から債務の全額を控除した額とする。

②　条件付きの権利又は存続期間の不確定な権利は、家庭裁判所が選任した鑑定人の評価に従って、その価格を定める。

第１０４４条　贈与は、相続開始前の一年間にしたものに限り、前条の規定によりその価額を算入する。当事者双方が遺留分権利者に損害を加えることを知って贈与をしたときは、一年前の日より前にしたものについても、同様とする。

②　第９０４条の規定は、前項に規定する贈与の価額について準用する。

③　相続人に対する贈与についての第１項の規定の適用については、同項中「一年」とあるのは「十年」と、「価額」とあるのは「価額（婚姻若しくは養子縁組のため又は生計の資本として受けた贈与の価額に限る。）」とする。

第１０４５条　負担付贈与がされた場合における第１０４３条第１項に規定する贈与した財産の価額は、その目的の価額から負担の価額を控除した額とする。✒

②　不相当な対価をもってした有償行為は、当事者双方が遺留分権利者に損害を加えることを知ってしたものに限り、当該対価を負担の価額とする負担付贈与とみなす。

（遺留分侵害額の請求）

第１０４６条　遺留分権利者及びその承継人は、受遺者（特定財産承継遺言により財産を承継し又は相続分の指定を受けた相続人を含む。以下この章において同じ。）又は受贈者に対し、遺留分侵害額に相当する金銭の支払を請求することができる。

②　遺留分侵害額は、第１０４２条の規定による遺留分から第一号及び第二号に掲げる額を控除し、これに第三号に掲げる額を加算して算定する。

一　遺留分権利者が受けた遺贈又は第９０３条第１項に規定する贈与の価額

二　第９００条から第９０２条まで、第９０３条及び第９０４条の規定により算定した相続分に応じて遺留分権利者が取得すべき遺産の価額

三　被相続人が相続開始の時において有した債務のうち、第８９９条の規定により遺留分権利者が承継する債務（次条第３項において「遺留分権利者承継債務」という。）の額

（受遺者又は受贈者の負担額）

第１０４７条　受遺者又は受贈者は、次の各号の定めるところに従い、遺贈（特定財産承継遺言による財産の承継又は相続分の指定による遺産の取得を含む。以下この章において同じ。）又は贈与（遺留分を算定するための財産の価額に算入されるものに限る。以下この章において同じ。）の目的の価額（受遺者又は受贈者が相続人である場合にあっては、当該価額から第１０４２条の規定による遺留分として当該相続人が受けるべき額を控除した額）を限度として、遺留分侵害額を負担する。✒

一 受遺者と受贈者とがあるときは、受遺者が
　先に負担する。

二 受遺者が複数あるとき、又は受贈者が複数
　ある場合においてその贈与が同時にされた
　ものであるときは、受遺者又は受贈者が
　その目的の価額の割合に応じて負担する。
　ただし、遺言者がその遺言に別段の意思を
　表示したときは、その意思に従う。

三 受贈者が複数あるとき（前号に規定する場
　合を除く。）は、後の贈与に係る受贈者から
　順次前の贈与に係る受贈者が負担する。

② 第９０４条、第１０４３条第２項及び第１
０４５条の規定は、前項に規定する遺贈又は贈
与の目的の価額について準用する。

③ 前条第１項の請求を受けた受遺者又は受贈
者は、遺留分権利者承継債務について弁済その
他の債務を消滅させる行為をしたときは、消滅
した債務の額の限度において、遺留分権利者に
対する意思表示によって第１項の規定により負
担する債務を消滅させることができる。この場
合において、当該行為によって遺留分権利者に
対して取得した求償権は、消滅した当該債務の
額の限度において消滅する。

④ 受遺者又は受贈者の無資力によって生じた
損失は、遺留分権利者の負担に帰する。

⑤ 裁判所は、受遺者又は受贈者の請求により、
第１項の規定により負担する債務の全部又は一
部の支払につき相当の期限を許与することがで
きる。

（遺留分侵害額請求権の期間の制限）

第１０４８条 遺留分侵害額の請求権は、遺留
分権利者が、相続の開始及び遺留分を侵害する
贈与又は遺贈があったことを知った時から一年
間行使しないときは、時効によって消滅する。
相続開始の時から十年を経過したときも、同様
とする。

（遺留分の放棄）

第１０４９条 相続の開始前における遺留分
の放棄は、家庭裁判所の許可を受けたときに限
り、その効力を生ずる。

② 共同相続人の一人のした遺留分の放棄は、
他の各共同相続人の遺留分に影響を及ぼさない。

第十章　特別の寄与

第１０５０条 被相続人に対して無償で療養
看護その他の労務の提供をしたことにより被相
続人の財産の維持又は増加について特別の寄与
をした被相続人の親族（相続人、相続の放棄を
した者及び第８９１条の規定に該当し又は廃除
によってその相続権を失った者を除く。以下こ
の条において「特別寄与者」という。）は、相続
の開始後、相続人に対し、特別寄与者の寄与に
応じた額の金銭（以下この条において「特別寄
与料」という。）の支払を請求することができる。

② 前項の規定による特別寄与料の支払につい
て、当事者間に協議が調わないとき、又は協議
をすることができないときは、特別寄与者は、
家庭裁判所に対して協議に代わる処分を請求す
ることができる。ただし、特別寄与者が相続の
開始及び相続人を知った時から六箇月を経過し
たとき、又は相続開始の時から一年を経過した
ときは、この限りでない。

③ 前項本文の場合には、家庭裁判所は、寄与
の時期、方法及び程度、相続財産の額その他一
切の事情を考慮して、特別寄与料の額を定める。

④ 特別寄与料の額は、被相続人が相続開始の
時において有した財産の価額から遺贈の価額を
控除した残額を超えることができない。

⑤ 相続人が数人ある場合には、各相続人は、
特別寄与料の額に第９００条から第９０２条ま
での規定により算定した当該相続人の相続分を
乗じた額を負担する。

（以上で終わり）